# 溝通心理戰
## 操縱職場話語霸權

征服每一場對話，成為人際關係的贏家！

一本書教你說話的黃金法則，

U0068317

孔謐 著

你是否曾在日常溝通中感到無助？覺得對話沒有意義也沒有重點？
好的溝通不僅是交流，更是影響力的展現；

從日常對話到職場辯論，探索語言深處的奧祕，成為溝通大師！
掌握藝術級的社交技巧，讓每一次對話都成為你成功的起點！

# 目錄

# 目錄

## 第三章　左右逢源好技巧

# 目錄

# 目錄

## 第六章　掌握分寸得圓滿

# 目錄

# 前言

　　我們每天說那麼多話，有幾句話是我們說完之後，會自己放在心裡、仔細回味的？「我為什麼說出這句話？」「我為什麼會用這個態度說？」，如果沒事就這樣想，就會發現，我們心裡其實藏了很多我們自己都不太明白的東西，這些東西藏在我們的話裡、從我們的嘴巴說出去，如果我們稍加玩味，會比較懂得別人是怎麼形成對我們的印象、是怎樣評價我們的。

　　如果，我們練習把我們相信的事，和我們說的話，儘量做到言行一致，那我們對說話謹慎，而能逐漸成為一個謹慎的人；或者會因為注意說話的品味，而接近有品味的生活；或者，因為訓練自己好好傾聽別人，而終於變成一個善於站在別人的立場思考的人。

　　當蕭伯納（George Bernard Shaw）被問及他是如何學得聲勢奪人地當眾演說時，他答道：「我是以自己學會溜冰的方法來做的——我固執地、不停地讓自己出醜，直到我習以為常。」在年輕時，蕭伯納是倫敦最膽怯的人之一，他去拜訪別人時，常常在河堤上走了二十分鐘或更多的時間以後，才鼓起勇氣去敲人家的門。對於這一點，就連他自己也承認：「很少有人像我這樣因為單純的膽小而痛苦，或極度地為它感到羞恥。」

　　後來，他無意間用了最好、最快、最有把握的方法來克服羞怯、膽小和恐懼。他決心把弱點變成自己最強勁的優點。他加入倫敦的一個辯論學會，每逢有公眾討論的聚會，他一定參加。並且，他還全心投入社會運動，四處演講，結果，他成了二十世紀上半葉最具信心、最出色的演說家之一。

# 前言

　　愛默生（Ralph Waldo Emerson）說：「恐懼較之世上任何事物更能擊潰人類。」來到世間的時候，你不會說話，他也不會，更別談口才，那為什麼後來他的口才了得，而你卻被恐懼籠罩呢？走出恐懼的藩籬最快的方法就是不斷去做那些令你恐懼的事。

　　卡內基認為，某種程度的登臺恐懼感對人們練習演講反而是有益的，因為人類天生就具有一種應付環境中不尋常挑戰的能力。他提醒人們，當你注意到自己的脈搏和呼吸加快時，千萬不要過於緊張，而要保持冷靜，因為你的身體一向對外來的刺激保持著警覺，這種警覺顯示它已準備採取行動，以應付環境的挑戰。假使這種心理上的預備是在某種限度之下進行的，當事者會因此而想得更快、說得更流暢，並且一般來說，會比在普通狀況下說得還更為精闢有力。

　　如果你實在害怕得要命，實在無能為力，那麼請記住卡內基演講口才中的最基本經驗：「你要假設聽眾都欠你的錢，正要求你多寬限幾天，你是神氣的債主，根本不用怕他們。」

　　記住了嗎？那開始去做吧，任何公眾場合的聚會，請你勇敢站起身來，說上幾句自己的建議，哪怕只是附和也罷。參加會議，請靠近主持人而坐，千萬別去敬陪末座，即使做不到也要儘量令自己的談吐灑脫一些。不論是工作還是生活，任何場合，只要需要你開口，需要你說話，都必須好好把握，把你當作最閃亮的那一位，好口才並非從天而降，而是在你不知不覺克服恐懼的過程中慢慢得來。

# 第一章
## 謙遜懂禮受歡迎

在快節奏的現代生活中，人與人之間的容忍度一直在降低！從生物學的觀點來看，在一個人擠人的社會中，很難要求出現普遍有禮的民眾。然而，愈是擁擠的環境，愈需要大家以禮相待。因為，禮貌不僅只是表面上的客套，而且還是維持社會和諧運作的一個很重要的因素，它不但可以增加日常生活的愉快，還可以減少人際間的摩擦和暴力的發生。禮貌貴在真誠，是對他人誠摯的尊重，同時亦是提醒別人尊重自己的巧妙方式。禮貌需要有謙虛的態度、容忍的涵養，禮貌讓自己和別人都愉快，禮貌是社會對你的要求，也是社會給你的回報。禮貌不僅要真實，而且要博大，即使面對別人無禮，仍以禮相待，才是真正有禮的人。對人有禮，自己沒有損失，還會有無價的收穫。

## *1.* 做一尾微笑的魚

一個人的臉部表情透露出了很多訊息，比穿著更重要。微笑是所有臉部表情中最有用的，它能照亮所有看到它的人。對那些不苟言笑，一天到晚愁容滿面的人來說，你的笑容就像穿過烏雲的太陽。笑容是你所給出的最出色的禮物和最純淨的尊重。因為笑容能照亮所有看到它的人，就像穿過烏雲的太陽，帶給人們溫暖。

一個剛剛踏入上流社會的婦人，參加她作為上流貴婦的第一個宴會。為了讓宴會上的每一個賓客留下一個良好的印象，她為自己的形象花費了很多心血。她花高價買了昂貴的貂皮大衣、鑽石和珍珠。她穿戴著這些象徵著身分和地位的衣服和飾品。但是，她並沒有從賓客們的臉上看到認同和讚賞。因為她對自己的表情，沒有下任何工夫。她的表情給大家的印象是尖酸、自私。這位貴婦在宴會上的失敗是因為她不懂得：一個女人面孔的表情，比她身上所穿的衣服更重要。

　　微笑是你在開始說話之前就已經說出來的第一句話，是你在說話之前應該表現出來的最大的禮節。查爾斯‧施瓦布（Charles Schwab）曾經說過，他的微笑價值一百萬美金。這還是他對自己輕描淡寫的說法，因為他的性格、他的魅力、他的才能，都是他獲得卓越成功的原因。而在他的性格中，最令人喜歡的是他那動人的微笑。

　　為什麼微笑能表現得如此價值不凡？因為行為的魅力遠勝於言論，如果你微笑著對別人說：「很高興見到你，真希望很快能再次見到你！」那個人一定會很認同你的看法，並喜歡上你。但如果一個人面帶愁容地對你說：「我很喜歡你，希望下次還能見到你。」你是不會相信他的話的。

　　發自內心深處的微笑才是禮貌的表現，因為發自內心的微笑才是真實的、熱誠的，才能讓人以微笑和禮貌回報。一家大型百貨公司的人事主管曾說：「如果要在一個有著可愛笑容的小學肄業的女員工和一位冷冰冰的哲學博士之間進行選擇，我會毫不猶豫地選擇前者。」

　　如果你希望別人能夠高興地會見你，你必須同樣高興地會見別人，這就是禮尚往來。如此簡單的一個道理，會讓你在說話、辦事上受益匪淺。

　　笑的影響是很大的，即使你在微笑之前並沒有意識到這一點。你見到別人的時候，為了使自己和他們都感到愉快，一定要微笑，而微笑已經超越了禮貌，它會為你帶來其他一些價值。

　　如果你不喜歡微笑，應該怎麼辦呢？有兩種方法：第一，強迫你自己微笑。如果你獨自一個人的時候，強迫自己吹口哨，或哼首歌，用這種方法讓你覺得自己快樂，這就容易使你快樂了。

　　第二，控制你的思想。幸福並不是依靠外在的情況，而是依靠內在的情況。當你因為自己的內在而感覺到幸福的時候，微笑就會不經意顯露在

你的臉上。

　　你的笑容就是你禮貌的信使，它代表了你的好意和真誠。無論是你的主管、客戶、朋友、老師、父母或子女，他們都會因你的笑容而帶來希望和快樂。

### 2. 溫暖而貼心的表達

　　如果你想讓別人喜歡你，獲得真正的友情，就要從語言和行為上誠摯地關心別人。這不僅是在外交上最禮貌的表現，而且在幫助了別人的同時也幫助了自己。

　　要表示你的關切，得體的語言是最好的媒介。在說出關心別人的話語時的語氣必須是誠摯的。這是建立良好人際關係非常重要的一步，不僅使得付出關切的人有些成果，接收這種關切的人也是一樣。關心他人也是關心自己，它是條雙向道，當事人雙方都會受益。

　　有一位名叫馬汀的先生對以上的說法深有感觸，因為一位普通護士的關切深深地影響了他的一生。馬汀先生回憶道：

　　「那一天正好是感恩節，只有十歲的我只能在一家醫院裡度過，因為第二天我要接受一項大的整形手術。在之後的幾個月中，我都將處於一些限制之中，這是非常令人痛苦的。我父親已去世，我和母親住在一個小公寓裡，靠社會福利金維生。感恩節那天我的母親無法來看我。」馬汀先生似乎在回憶當時的痛苦。

　　「那天，我沒有感受到感恩節的氣氛，寂寞、失望、恐懼已經壓倒了我所有的感覺。而此時我母親正在家裡替我擔心，她也是孤零零地待在小公寓裡，沒有人陪她過感恩節，甚至沒錢吃一頓感恩節晚餐。想到這裡，眼

淚在我的眼眶裡打轉，我把頭埋在了枕頭下面，全身都因痛苦而顫抖著。

「一位年輕的實習護士聽到我的哭聲，就過來看看。她向我說了一句令我至今都無法忘懷的話，她微笑著對我說：『先生，感恩節快樂！有什麼需要我幫忙的嗎？』」此時馬汀先生的臉上也露出了笑容，他接著講：

「她慢慢地將枕頭從我頭上拿開，拭去了我的眼淚。她跟我說她也非常寂寞，因為她今天必須要加班，無法與家人一起度過感恩節，但是她非常慶幸遇到同樣沒有人陪伴的我。她邀請我與她共進晚餐。她拿出自己的感恩節食物與我共享。晚餐結束後，她並沒有著急離開，而是為了消除我的恐懼，跟我一起聊天，直到四點她可以下班離開的時候，她仍然沒有離開，一直陪我到將近十一點才走。因為這時我已經在她的照料中安睡了。

「我的手術很成功，我也並不覺得隨後的日子有多痛苦。在我以後的日子中，我在家人的陪伴下過了許多感恩節，但這個感恩節永遠不會消失，我還記得那沮喪、恐懼、孤寂的感覺，然而這些感覺在一個突然到訪的陌生人的關心中完全消失了，在隨後的日子裡，我也並不覺得這些感覺有多可怕。」

一個陌生人的關心，讓幼小的馬汀先生懂得了拒絕沮喪、恐懼、孤寂的傷害，讓他在以後的日子裡學會了關心自己，同時也關心他人。

一個成功人士，不因為自己的成功而不屑於他人，反而展示自己的關切之情，會使他更加值得他人的尊重和關心。一天，一個名叫約翰的大學生來到校長室申請一筆學生貸款，被獲准了，約翰十分感激校長。當約翰正要離開時，校長說：「有時間嗎？請再坐一會。」接著，他十分驚奇地聽完了校長向他介紹自己在讀書時如何在房間裡親手做飯，他還介紹了如何挑選食物，怎樣將食物做得美味。

最後，校長對約翰說：「你吃的東西必須有足夠的分量。」校長最後說。或許是校長看到了約翰有點瘦弱而對他說出了這番話吧。可以想像這位校長不經意的關心之言帶來了多麼驚奇的效果呢！

任何人，無論是卑微的還是高貴的，都喜歡那些關心並尊重他們的人。所以，溫暖而貼心的表達會讓你獲得更多的關心和尊重。這些關心之言不必多麼的冠冕堂皇，只需要表達出你的關切之情就可以造成效果了。因為人是需要別人對他感興趣的，而關心是感興趣的第一步。

關心之言不必刻意說出，努力讓它成為自己的一個習慣，試著為別人效力，誠心誠意地為別人設想，這樣才能獲得真正的朋友。

## 3. 尊重他人溢於言表

無論出於何種地位的人，他們都有被人重視的迫切願望，因此將你尊重他人的心理溢於言表，在滿足了對方的成就感的同時也滿足了自我的成就感。

人類在其行為上都表現出一個共同的特點，這就是：得到了他人的尊重，自己會滿足於這種成就感中。如果你認為自己也符合這一特點，那就也尊重他人吧，因為這會為自己帶來快樂，如果你違反了它，就會陷入無止境的挫折中。心理學的觀點認為：人們最迫切的願望，就是希望自己能受到重視。成功學家卡內基也認為，打動人心的最佳方式是跟他談論他最珍貴的事物。因為這會給人受到尊敬和重視的感覺。當你和別人一起談論彼此都重視或感興趣的事物時，這不僅是禮貌的表現，而且會增進雙方的好感。將尊重溢於言表，不但會使你受到歡迎，也會使你的生命獲得昇華。

那些有幸拜訪過羅斯福（Roosevelt）的人，都會為他的博學所拜服。

不論你是個哲學家、政治家，還是外交官，甚至是一個牛仔，他都能夠和你侃侃而談，甚至還能針對你的特長。難道他真的無所不能嗎？他在一次談話之前都會進行一番準備工作，那就是了解訪客的特殊興趣，他會針對這些特殊興趣預先研讀資料，這樣方便他尋找話題。因為羅斯福知道，抓住人心的最佳方法，就是談論對方所感興趣的事情。

所以，在和對方進行第一次談話時，為了表現出你對對方的尊重，就要抓住這個訣竅：了解對方的興趣，針對他所喜歡的話題與他聊天。這不僅能讓你輕鬆地表達出你的意願，同時能贏得對方的尊重和喜愛。

你遇到的每個人，也許他在整體上並不比你優秀，但他的某一方面一定比你優秀。這時就有了一個獲得他的歡心的方法：不著痕跡表露對他的某一方面的才能的佩服，這會使他感覺，他也是一個重要人物。這種尊重足以激發那些不為人所知的潛能。

當你把不尊重他人的言語吐向對方時，得到的也只能是對方的惡言相向。如今的哲學家們經過千年的沉思，悟出的這一人類行為的奧妙，其實已經為古代的先哲們實行多年了：己所不欲，勿施於人。己所欲者，亦施於人。

法蘭西斯是一位著名的試飛員，他經常參加表演飛行。一天，他表演完畢要飛回洛杉磯。在飛行到空中三百英尺的高度時，飛機的兩具引擎突然熄火。他運用熟練的技術，操縱飛機勉強著陸，雖然飛機嚴重損壞，但幸運的是沒有人受傷。

在迫降之後，法蘭西斯首先檢查了飛機的燃料。正如他所預料的，他所駕駛的螺旋槳飛機，居然裝的是噴射機燃料而不是汽油。回到機場以後，他要求見見替他保養飛機的機械師。此時，那位年輕的機械師正為自

己所犯的錯誤處於極度的傷心、難過之中。當法蘭西斯見到他時，他控制不住流出了悔恨的眼淚：因為自己失誤損失了一架昂貴的飛機，還差點造成三條寶貴生命的隕落。

你覺得法蘭西斯應該有什麼樣的反應呢？應該大為震怒吧，因為他是一個極有榮譽心、事事要求精確的飛行員。他必然會痛責機械師的疏忽。但是事實並非如此，法蘭西斯並沒有責罵那位機械師，他用堅定的目光注視著這位機械師說：「為了表示我相信你不會再犯錯誤，我要你明天再為我保養飛機。」

犯了錯誤需要承擔責任，但承擔責任的方式並不一定是責怪。我們要試著了解他們，要試著明白他們為什麼會那樣做。一句飽含尊重的命令會讓那位機械師更加地重視這次失誤，同時也讓法蘭西斯獲得了這位機械師的尊重和喜愛。犯了錯誤並不意味不值得尊重了，此時的尊重比批評更有益處。

你希望周圍的人喜歡你，你希望自己的觀點被人採納，你渴望聽到真正的讚美，你希望別人重視你……那麼首先表現出你的尊重吧！你希望別人怎麼待你，你先怎麼對待別人。因為每個人都有他的優點，都有值得他人學習的長處，承認對方的重要性，讓對方認為自己是個重要的人物，儘量不要傷害到對方，這是和一個值得喜歡的人相處的基本禮貌。

## 4. 真誠的讚美讓你事半功倍

很多老年人在回憶人生的時候會發出這樣的感慨：當我已經一百歲的時候，我的所有習慣被認為是理所當然的時候，我還是希望別人對我的理所當然發出讚美，這會讓我感覺更幸福。但是很多年輕人卻很少意識到他

們是多麼需要鼓勵，因為他們總是覺得還有很多時間。生活需要自信，讓他人覺得離不開你，這種被人敬慕的感覺會讓人更加自信；生活需要溫馨，讓人知道仍然被珍愛和陪伴。如果想要獲得自信和溫馨，改善跟別人的關係，只需要向他人表示出一種需求。表達這種被需要且能夠讓他人選擇被需要的方法就是：常常在別人身上尋找你能羨慕及稱頌的東西──並且告訴他。

當你覺得能從他人身上獲得你需要的東西，稱讚他人就是最有禮貌地表達需求的方法。

在我們的內心深處都有一幅自己的畫像，這就是我們所要表達出的自我形象。如果我們因自己的形象而感到驕傲，我們會因為這個自我形象更加自信和瀟灑，辦起事情來也會更加竭盡全力。而當我們因為自己的形象感到羞慚時，我們首先想做的就是把它藏起來，而不是表現出來，此時我們變得充滿敵意，難以相處。

一個人的自尊被激發起來後，就會有奇蹟發生，完成一些別人認為很困難，甚至不可能的事情。自尊受到禮讚的人會覺得周圍的人也更加可愛，他變得更和善，和周圍的人更容易相處合作。因此，稱讚他人不僅幫助他人使他的自我形象更加鮮明光耀，而且也是獲得他人幫助的催化劑。每個人都有著在別人身上表演這種奇蹟的能力。在你為他人的形象增加光環時，這光環也會反射到你的身上，使得他樂意喜愛你並與你合作。

一則經典的忠告講述了一個故事：一位牧師被派到了一座被人戲稱為「冰箱」的教堂，他到達之後不是立刻批評教徒們的冷淡態度。相反，他開始在布道壇上歡迎參觀者並告訴其教徒們他們是如何地友好。他開始按自己意願不斷地展示這座教堂的形象：熱情、隨和，久而久之，他的教徒

們也讓人覺得符合了這座教堂的新形象。教徒們也因為這個新形象慢慢地感化了。他說：「讚揚將冰冷的成員化作了熱心的人們。」

在這則故事中你會發現，新牧師本來是需要教徒們的幫助，而教徒們的冷淡態度根本無助於他。他並沒有因此批評他們，而是透過讚揚幫助他們建立新的形象，最終感化了教徒，也幫助了自己。所以，給出稱讚的人透過先使人們喜歡自己來使得人們喜歡他。稱讚的確可產生這樣的效果。

當你想要獲得一種需求時，給出稱讚是獲得需求的禮貌表現。禮貌貴在真誠，所以在稱讚別人時一定要誠心誠意。真誠會使得稱讚具備力量，為滿足你的需求提供保證。

稱讚有助於磨去日常接觸中的稜稜角角。你不能時時刻刻對你的家人表現出非凡的禮儀，但稱讚卻是你表現出的最大的禮貌。你的稱讚是在感謝他們陪你一起共同生活，這會使你的家庭生活更加豐富多彩。家庭生活中可以不要繁瑣的禮節，但一定要有稱讚的禮貌，所以不要忽視對家人的稱讚。

與孩子說話時尤其需要注意，因為孩子更渴求稱讚、肯定和欣賞。一位年輕的母親向她的牧師講了一件值得她深深懺悔的事：「我的兒子很淘氣，我經常責罵他。有一天他表現得非常好，但我卻沒有表示什麼。那天晚上，我在上床後，聽到了他的哭聲。他抽泣著問：『媽咪，我今天難道不是一個特別乖的孩子嗎？』」

「這個問題讓我感覺到了刀子刺進身體的劇痛。」那位母親說道，「他做錯事時，我指責他。然而當他循規蹈矩的時候。我竟一句誇獎的話都沒說。」

這種疏忽對一個孩子來說，已經不是禮貌的問題了，而是孩子在父母

眼中的認同問題了。費心思在孩子身上找出值得讚揚的地方，你會發現他的才能與態度會得到改善。表揚除了是禮貌的表現，還是使得人們盡其所能的最為有效的方法。

任何掌握了稱讚的藝術的人會發現，它使得稱讚者和被稱讚者同樣感到幸福。常常在別人身上尋找你能羨慕和稱頌的東西，並且告訴他，把這種行為當作握手禮一樣尋常。

## 5. 記住別人的名字

一個最單純、最明顯、最重要的表示禮貌的方法就是記住對方的名字。記住別人的姓名，使別人覺得重要，同時讓你獲得了對方的好感。

卡內基曾經說：「記住對方的名字，並把它叫出來，等於給對方一個很巧妙的讚美。而若是把他的名字忘了，或寫錯了，就會處於非常不利的地位。」

有時候記住一個人的名字是很難的，尤其是接觸的機會不多的情況下，一般人是不願意去記住它的。有時會想一個折衷一點的辦法：叫他的小名好了，而且容易記。然而這會給人不尊重的感覺，而叫出全名是顯示尊重最基本的禮貌，有時會帶來意想不到的結果。

一位業務員要拜訪一位顧客，他的名字非常難念，叫做尼古得‧瑪斯帕‧帕都拉斯，因為難念，別人通常簡稱他「尼古」。業務員說：「在我拜訪他之前，特地花了幾分鐘的時間來練習他的名字。當我用全名稱呼他：『早安，尼古得‧瑪斯帕‧帕都拉斯先生』時，他似乎難以置信，目瞪口呆地過了幾分鐘都沒有說話。最後，他的眼中竟出現了眼淚，他說：『先生，在我待在這個國家的十五年中，沒有聽過別人用我的全名來稱呼我。』」

可想而知，業務員贏得了這位顧客的認可。

美國鋼鐵大王安德魯‧卡內基（Andrew Carnegie）為什麼如此成功呢？他被稱為鋼鐵大王，然而他對如何製造鋼鐵懂得很少。他手下有好幾百個人，都比他了解鋼鐵。但是安德魯‧卡內基不懂鋼鐵並不阻礙他成為鋼鐵大王，促使他成功的因素是他為人處世的方式。

在安德魯‧卡內基小的時候，就表現出非凡的組織才華和領導能力。他十歲的時候發現人們非常重視自己的姓名。他正是利用這個發現，贏來眾多與別人合作的機會。他發現名字的妙用是從養兔子開始的。他擁有了一窩小兔子，但沒有東西餵牠們。於是他對附近的孩子們說，如果用他們找到的食物餵飽了兔子，就用他們的名字來命名他們養活的兔子。

卡內基發現這個方法很好用，一直都沒有忘。長大之後，他在商業界利用同樣的方法，賺了好幾百萬美元。例如，他希望把鋼鐵軌道賣給賓夕法尼亞鐵路公司，這個公司的董事長是埃德加‧湯姆森（John Edgar Thomson）。因此，安德魯‧卡內基在匹茲堡建立了一座龐大的鋼鐵工廠，取名為「埃德加‧湯姆森鋼鐵工廠」。這樣他的鋼鐵軌道就很容易被賓夕法尼亞鐵路公司接受了。

卡內基這種記住及重視他有用的名字是他領導才能的祕密之一，他甚至能叫出他的員工的名字，並以此為傲。他很得意地說，他用親任主管的方法來杜絕工人罷工。

多數人不記得別人的名字，是因為他們不願意花費時間和精力在沒有用的名字上。他們為自己找的藉口：太忙。

比美國前總統羅斯福更忙的人多嗎？但是他卻有時間記憶每個人的名字，即使是他只見過一次的汽車司機。羅斯福認為最單純、最明顯、最重

要的獲得好感的方法，就是記住別人的姓名。因為每個人都會對自己的名字感到驕傲，記住別人的名字，會讓人覺得他對你足夠重要。

為什麼我們很少花力氣記住名字呢？當兩個陌生人互相認識的時候，所說的第一句話就是介紹名字，直到他們說完最後一句話，還有多少人記得對方的名字呢？大多都已不記得對方的名字了。這樣會讓人在不知不覺中失去一些東西。

我們應該對一個名字背後的訊息進行全面了解，它能幫助你創造奇蹟。名字是一個人的驕傲，它能使人出眾，它能使人獨立在芸芸眾生之中。我們所做的事情和我們要傳遞的訊息，首先都是由名字傳達出去的。如果你要別人喜歡你，請記住：一個人的名字，對他來說，是任何語言中最甜蜜、最重要的聲音。

禮貌，是由一些小小的犧牲組成的。記住別人的名字並運用它的重要，並不是國王或公司經理的特權，它對我們每一個人都是如此。記住名字背後的犧牲會為你帶來意想不到的收穫。

## 6. 他會為你的謙恭敞開心扉

謙虛是一種美德，是一種做人的態度，謙虛的人說話時謙恭有禮，不僅能夠展現出自己的良好修養，也能給人留下良好的印象，達成自己說話的目的。不管是在生活中，還是在工作中，我們都需要做到這一點。

發現萬有引力的著名科學家牛頓（Isaac Newton）並沒有為自己的成就而驕傲，他說自己只不過是「站在巨人的肩膀上」，甚至是臨死前，他還對人說道：「我們像是在海邊撿貝殼的孩子，常有難忘的收穫，不過，我們所撿到的比起浩瀚的海洋，實在算不了什麼。」

　　我們很難想像一個態度謙虛的人口中能說出什麼狂妄的話，也不會相信他能做出什麼傷害他人感情的事情，事實上，比起那些喜歡自吹自擂的人來，說話謙恭的人顯然更受人們的歡迎。

　　美國緬因州選出的參議員埃德蒙・馬斯基（Edmund Muskie）應美國法律協會的邀請發表一場演說，馬斯基這樣說道：「當我接到發表演說的邀請時，我真的感到侷促不安。這是為什麼呢？首先，因為在座的各位都具有豐富的專業法律知識，讓我在諸位專家面前進行演說無疑是班門弄斧，我真的不知道該如何開始這次演講。其次，我的準備不夠充分，如果有什麼話說錯了，我會感到非常難堪。最後一個原因，就是我還不知道自己要和各位討論什麼樣的話題。我能夠想到的，就是與各位討論一下，身為人民公僕，到底應該對人民施加什麼樣的影響。我既然已經投身於政治，那麼人們對我的態度，自然會形成兩種截然不同的對立形態。面對著這樣的困惑，我就像一隻迷途的羔羊，不知道該從哪裡談起。」

　　接著，馬斯基進入正題，發表一篇無懈可擊的演說，贏得了大家熱烈的掌聲。

　　說話的目的是為了讓別人同意你的觀點，如果從一開始就擺出一副高高在上的姿態，對別人頤指氣使，那麼誰願意聽你的話呢？不管是在生活中，還是在工作中，抑或是公眾場合，保持一種謙恭的說話態度，能夠給人一種彬彬有禮的感覺，使人樂於感受到你的善意，即使是對手或敵人，也會被你這種態度感動。

　　1975 年，好萊塢著名女明星英格麗・褒曼（Ingrid Bergman）憑藉著偵探片《東方快車謀殺案》（*Murder on the Orient Express*）中的精彩演技被提名為奧斯卡最佳女配角，她的對手是在《日以作夜》（*Day for Night*）中同

樣表現不俗的瓦倫蒂娜‧科爾泰塞（Valentina Cortese），結果英格麗‧褒曼勝出，獲得最佳女配角的小金人。在奧斯卡頒獎晚會上，英格麗‧褒曼在致詞說：「能獲獎總是好事，只是奧斯卡先生很健忘，也不會選擇時機，自從《日以作夜》上映後，我們都認為瓦倫蒂娜‧科爾泰塞的表演最為上乘。現在讓我奪去她的獎，我可有點於心不忍。瓦倫蒂娜，我並不是存心要這樣的。」坐在臺下的瓦倫蒂娜深受感動，連連向褒曼送上飛吻。

謙恭，意味著當別人對你提出表揚的時候，要學會感恩，因為就算是你個人的成功，也離不開別人和社會的支持，還是牛頓那句話 ——「只不過站在巨人的肩膀上」，所以，你要感謝表揚你的人，更不能滿足於現有的成績；謙恭，還意味著當別人對你提出批評的時候，你應該心態平和地接受，批評是為了幫你改正錯誤，讓你獲得更大的成功，所以，你更應該向對方表示感謝。

## 7. 坦率勝過巧飾

坦率就是坦白、率真，有什麼說什麼，不向別人隱瞞自己的真實想法，一味坦率當然是不可以的，因為很可能得罪人，也可能會讓別人抓住你的把柄，但是在有些時候，坦率地說出你想說的話，也能夠造成意想不到的效果。

西元 1860 年，美國著名的政治家、倡導解放黑奴的林肯（Abraham Lincoln）參加總統競選，他的對手是貴族道格拉斯（Stephen Arnold Douglas），在發表競選演說之前，道格拉斯揚言：「我要讓林肯這個鄉巴佬嗅到我的貴族氣味！」

到了演講的時候，林肯站到了一輛普通的農家馬車上，對他的聽眾說

道：「有人寫信問我有多少財產。我有一位妻子和三個兒子，都是無價之寶。此外，還租有一個辦公室，室內有一張桌子，三把椅子，牆角還有一個大書架，架上的書值得每個人一讀。我本人既窮又瘦，臉蛋很長，不會發福。我實在沒有什麼可依靠的，唯一可依靠的就是你們。」

正是靠著這番坦率的話語，讓他贏得廣大選民的支持，成功地當選了美國第十六任總統。

坦率的話語往往有一種奇妙的力量，讓你無法懷疑它是虛假的；雖然它的辭藻並不華麗，卻讓你感覺到相當動聽；反之，如果一個人過於虛情假意，就會影響個人的形象與聲譽，給人一種「言行不一」之感，雖然有的人能夠相信你的假話，但不可能所有人都是白痴，一味的虛情假意，只能危及自身的前途和生存。

1952 年，艾森豪（Eisenhauer）競選美國總統，年輕的尼克森（Richard Milhous Nixon）是他的搭檔。正當尼克森為了競選成功四處奔波時，一家報紙突然曝光了尼克森受賄的醜聞。

為了擺脫困境，尼克森決定在媒體上做半個小時的公開演講，能否洗清嫌疑，消除自己讓選民留下的不良印象，就在此一舉了。但是，就在演講之前，共和黨和艾森豪決定拋棄尼克森 —— 要他在演講結束之後提出辭職。

這時，尼克森做出了一個大膽的決定，他把自己的財務狀況全部公開，其中既有他的財產狀況，也有他的負債狀況，接著，他又說道：「我的太太連一件像樣的大衣都沒有，有人說我接受了賄賂，我不想隱瞞，我們確實收了別人的禮物，那是德州的一位選民送給我的女兒的一隻小狗，那隻小狗身上帶著黑白兩色的斑點，非常可愛，我們沒有拒絕，而且也不

想拒絕這份禮物。」

尼克森的話引起了極大的反響，選民們認為他所說的真實可信，而且飽含深情，很多人為了幫尼克森還債，紛紛到郵局裡匯款給他，短短幾天時間裡，匯款的總額就達到了六萬美元。

共和黨和艾森豪也向尼克森表示祝賀，並請他留下來繼續競選副總統。

尼克森在處於絕望邊緣的時候，不再考慮自己副總統候選人的身分，以一個普通人的身分，坦率地說出了自己的心裡話，他的話極富感染力，因此打動了聽眾，挽救了自己即將終結的政治生涯。

不管是什麼樣的話，如果能夠用坦率淳樸的語氣說出來，就不會讓聽眾產生相反的意見，如果你想讓別人留下一個好印象並讓人支持你、贊同你，那麼請你記住，打動聽眾的最好辦法，就是坦率地說出自己想法，讓你的聲音和話語打動聽眾的心靈。

老子說：「大音希聲，大象無形。」一些未經修飾的話語，往往比那些經過細心包裝的語言更具感染力，這就是「巧不如拙」的道理。

## 8. 為談話畫上完美的句號

人們常說，寫文章要有「龍頭、豹肚、鳳尾」，意思是說，文章的開頭要漂亮，中間的內容要充實，結尾要畫龍點睛，具有特色。其實，談話也是如此，古人說「行百里者半九十」，不管你的談話開場多麼精彩、內容多麼充實，如果沒有一個好的結尾，那麼談話的效果就會大打折扣，因為話說到最後，雖然已經讓對方有一個大致的印象，但還是需要進一步加深這種印象，不要給人一種虎頭蛇尾的感覺。

卡內基認為，當對方基本上了解你的意思時，就應該考慮讓談話有一個完美的結尾。但很多人都不知道如何結束談話才算是完美，他們往往會這樣說：「我的話講完了，現在，我要結束自己的談話了。」這是一句廢話，既然話講完了，趕緊坐回自己的座位即可，為什麼還要強調一遍呢？而且這對於與你談話的人根本沒有任何意義。

林肯就任美國總統的時候，美國正處於內戰爆發的邊緣，為了勸阻南部的民眾，林肯準備發表一篇演說，他自己設計的結尾是這樣的：「不滿的國人們，在你們的手裡，抓住了內戰爆發與否的動力，如果你們自己不做侵略者，政府是絕不會攻擊你們的。你們雖然不曾立下一定要推翻政府的誓言，我卻有一種神聖的約定，要決心保護政府和扶助政府。在你們沒有立誓不破壞政府之前，我絕不會畏縮而不去護衛政府。『戰爭？和平？』這個嚴重的問題，完全掌握在你們的手中！」

沒想到，當時的國務卿西華德（William Henry Seward）看了這個結尾之後，很坦率地告訴林肯：「這個結尾有些魯莽，容易激怒南部的美國人民。」林肯於是請西華德幫自己重新擬定一個結尾，並最終採用了。西華德的結尾是這樣的：「我們是朋友而不是仇敵。雖然我們的情緒，有時候相當緊張，但我們的友情，卻不能因之而破裂，我們絕對不應該成為仇敵。神祕的音樂，將奏出全國統一的歡歌，穿過每一個戰場，烈士的墳墓，到廣大地域的生靈和家園裡。」

很明顯，西華德的結尾沒有了容易惹怒南部人民的唐突之詞，反而充滿了優美的詩意，達到了友善的頂點。

很多人在與別人談話的時候，都會犯與林肯類似的錯誤，他們不懂得如何替談話加上一個完美的結尾，而是簡單粗暴地讓自己的談話中止，容

易讓人摸不著頭緒 —— 就好像一個人說得正高興時，突然拉開門走了出去，而聽他談話的人卻不知道他到底要做什麼。

還有的人在談得差不多時，不知道如何結尾，於是就把一句話重複地說，有人將這比喻成捉牛，捉牛的正確做法應該是抓住牛的尾巴，這樣可以在自己遭遇危險的時候及時鬆手，而重複說同一句話的人卻抓住了牛角，牛沒有被捉到，他也不敢輕易鬆手，只能不停地跟牛繞圈子。

談話的結尾，應該發揮畫龍點睛的作用，因為結尾是對談話內容的總結，你必須用儘量精準的語言把你的目的、對方的要求進行準確的概括，讓談話到達高潮的戛然而止，給人留下無窮的韻味。在將要結束談話的時候，要先理順自己的思路，讓談話層層遞進，在結尾處引用一、兩句名言。名人的言論、古今的諺語，都可以用來增加你演說結尾幾句話的力量。只有這樣，才能讓讀者感受到你的語言魅力。卡內基曾經說：「我演講的次數越多，越覺得想出各種情形都能適用的演講法則是完全不可能的。通常還得看事情、時候、地方以及聽眾的情形而變更，大家都應該像聖保羅（St Paul）所說的『各自去想救出自己的辦法』才好』。」

## 9. 看透別說透

在人際交往中，有著敏銳的觀察力，練就「火眼金睛」當然是好，但是如果你將所看到的全說出來，可能就不知不覺地得罪了一些人，所以，有些事情即使看懂了，也不要說出來，不妨做一支「悶嘴葫蘆」。

在一次會議上，史密斯教授遇見了一位文學家。在互相介紹之後，史密斯教授對這位文學評論家說：「我很早就聽說過您了，看過一些您發表過的文章，看來您對星宿很有研究，是位大名鼎鼎的天文學家。」那位文

學評論家半天沒有反應過來，仔細分析這番話之後認為史密斯教授搞錯對象了，連忙解釋道：「史密斯教授，您可能是誤會了，我的專長是文學評論，並不研究什麼天文現象。您是不是弄錯了。」史密斯教授馬上辯解：「我怎麼會把您弄錯呢！在您發表的文章裡，我時常看到您不是發掘出一個「歌壇新星」，就是捧出來一個「舞臺新星」，還有什麼「文壇明星」、「體壇明星」等眾多的星宿，想來您一定是個非凡的天文學家。」那位文學評論家聽完之後覺得尷尬不已，什麼也沒說，坐了一會就走了。

　　史密斯教授說的可能都是事實，但在如今的社會中，新聞炒作已經是公開的祕密了，很多時候都是無可厚非的事情。但是，史密斯教授如此明顯地說出來就顯得尖酸刻薄了。很多事情，即使看透了，也不能說出來，因為有時候說話辦事是要遵守「潛規則」的。

　　人際交往中，有些事情不需要說得太直白、太清楚，只要大家心知肚明就可以了，這就是遵守了「潛規則」。俗話說：看透別說透，才是好朋友。事情說得太白、一點轉圜的餘地都沒有，反而會傷和氣，或顯得太無聊。掌握好看透不說透的道理，在交際中就可以遇難呈祥，很多問題都能迎刃而解。

　　人非聖賢，孰能無過呢！犯錯之後，如果只是一味地洩憤、指責、數落對方「你怎麼這麼笨」、「你竟然犯了這種低級的錯誤」、「你實在是太不應該了」等，是不妥的。因為，一個人在犯錯之後，他的內心會自覺地反省，覺得抱歉、恐慌、不知所措，此時你再批評指責他，那麼他會因為你的譴責而羞愧難過，有的人甚至從此一蹶不振，抱著破罐破摔的態度，再也無法找回自信。

　　如果換一種說話方式來對待犯錯的人，就會得到截然不同的結果。

比如，說「犯錯是難免的，從今以後，你要保證會做得更好！」或者「我想，下次你一定不會再犯這樣的錯誤了」等諸如此類的話，犯了錯的人不僅會感激你對他的信任，同時會因為你的真誠理解而有了改正錯誤的決心和信心，這種認知對他在以後的工作、生活中是非常必要和有用的。

不僅要注意說話的方式，還要注意說話的態度和語氣。如果說話的態度和語氣不對，即使沒有講重話，也讓人覺得在講重話。所以，即使心中不高興，也不可在言語態度上流露出來，特別注意言語間不能帶有敵意。在批評他人時一定不能握拳、瞪眼、皺眉，否則，原本不帶「刺」的話，也會讓被批評者覺得沒面子或懷疑你是對其心懷不滿，這樣你的批評不僅沒有產生效果，反而讓對方覺得你在找麻煩。即使要當面批評，也應儘量用平和或溫和的態度去面對你的批評對象，儘量剔除感情成分，學會借助表情、態度、聲調，增加批評的積極效果。

所以，對別人的錯誤或不滿不要太認真，想要對方明白也不需要當面指責。看透不說透會產生「身無彩鳳雙飛翼，心有靈犀一點通」的效果，使雙方都滿意。

## 10. 尊重他人隱私

隱私，即不願告訴他人和不願意公開的個人情況。各式各樣的社交活動中均尊重個人隱私權，凡涉及個人隱私的問題，在人際關係中均應迴避，否則就會引起對方的不悅，自己也感到尷尬。

由於習俗不同，許多民族都有其忌諱的話題。政治問題、宗教信仰、風俗習慣、個人好惡等等，在人際關係中都不宜妄加非議。個人隱私、他人的短長、令人不快的事物以及低級趣味，也是不應選擇的話題。

在人際關係中，一旦發現自己選擇的話題不受歡迎，應立即轉移話題，不要毫不知趣地繼續。如因自己疏忽而選擇了令對方不快的話題，則應該道歉，這也是對對方的尊重。

如果過早地涉及太多的個人隱私，反而會引起對方強烈的排斥、焦慮情緒，甚至自衛反應。當他人在你面前大談特談自己的隱私的時候，你在內心也難免會思考：我是否也要把自己的隱私告訴他人？這其實是很危險的事情。

邁克剛進入一家相當不錯的公司，上任之後，部門的主管就向同事介紹說：「這是邁克，是我大學恩師的兒子，以後大家要多多照顧。」邁克的底牌就這樣暴露在大家面前。這為邁克帶來了好處，也帶來了害處。

邁克被主管公開祕密後，公司的同事對他的態度都十分殷勤，在業務上也經常得到別人的指點。主任對他的關照就更不用說了，部門裡的事，無論大小，邁克都有參與，因此，邁克被戲稱為主任助理。因為得到了許多別人沒有的鍛鍊機會，短短兩年，邁克成長得很快。人一得意，就容易得意忘形。有時跟同事們出去喝酒，邁克免不了跟同事吹噓他的父親與主管的私交多麼好，還說當年他父親對主管是如何照顧有加的，引得周圍人唏噓不已。

然而好景不長，公司出現了危機，主管也被調走了，邁克就被打入了冷宮。其實，平心而論，邁克能有今天的成績，他也是付出了很多努力的，但是因為大家都知道主管與他的私交，因此，他的努力也就全盤被否定了。所以，跟主管的私交應屬於隱私，不宜暴露在公眾場合。

因為他人隱私帶來的尷尬，有五類問題最好不要問。

不要問他人的年齡，尤其是女士的年齡。現代女性年齡是保密的，女

人都希望自己永遠年輕，所以年齡會是她們的祕密。一般女人在 24 歲以後就不願再如實告訴別人自己的年齡了。在與女士來往時，不問她們的年齡就是對她們的尊重。

不要問他人結婚與否。華人愛談論彼此的婚姻狀況，這對其他國家的人可能是不禮貌的話題。所以要根據不同的風俗情況，謹慎地對待他人結婚與否的問題。

不要問他人的經歷，因為有些經歷會使人感到尷尬。很多人都以為，詢問對方的一些經歷可以幫助尋找共同的話題。但是這一方法卻並不總是適用，因為「經歷」問題既是對方的「老底」，也聚集著許多悲歡離合，一般應避開此話題。

不要問他人的收入。收入是一個非常敏感的話題，如果不是很熟稔，最好不要問這個問題。經濟收入的不平等會帶來一定的心理不平衡感，為了營造一個輕鬆的談話氛圍，避開收入問題是必要的。對那些能夠反映出個人收入狀況的化妝品和服飾的價格、汽車的型號、住宅的大小等等問題，最好也不要觸及。

不要問他人的健康。很多時候，個人的健康狀況，是屬於隱私的範圍，與人交談的時候，最好別打聽對方的健康狀況。更不要因見對方臉色不好而驚訝地問：「你是不是生了什麼病？」

對於「隱私」的劃分，不同國家和民族的人有著不同的標準。在一些國家，人們通常比較熱情、友好，讓人覺得人情味很濃。所以，在認識的時候通常會詢問年齡、經歷，這在大多數人眼裡不算隱私。又如，熟人問你這件西裝的價錢，他絕對沒有窺探你經濟收入的嫌疑。相反，在和華人的交談中，恰當地問某些所謂的「隱私」，聊聊家常，有時可以達到縮小

彼此距離和出其不意的效果。所以，在涉及到隱私問題時，要根據情況的不同掌握好分寸。

## *11.* 打斷他人就是在拒絕他人

　　沒有人願意別人遠遠地躲著自己，在背後嘲笑自己，甚至輕視自己，但是如果你總是喜歡打斷別人說話，總是在不斷地說自己，那麼你就一定會被大家所遠離、嘲笑，甚至輕視。假如別人正談論一件重要的事情，你有自己不同的意見，不等對方把話說完，你把自己的見解立即提出來。此時你內心的想法可能是：他絕對沒有你聰明，為什麼浪費那麼多時間聽別人的廢話呢？於是就馬上插嘴，用自己的話，去打斷別人的高談論闊。這種做法是一種非常不禮貌的行為。

　　認真聽完他人的話是禮貌的行為，是做人的原則。為什麼打斷他人的話會讓人覺得厭惡，認為你沒有禮貌呢？每個人的自我意識都像一個衛兵一樣，站在他的潛意識的入口，如果你在他說話的時候打斷了他，就是喚起了他的自我意識對你產生防備，此時絕不會對你產生好感。為什麼會這樣呢？

　　心理學家用心理定勢（mental set）這個概念解釋了這個現象：若一個人打算開啟一個話題，他就會啟動其心理定勢準備講話，直到他把事情全部說完，他的心理定勢才會停止。如果中間被打斷了，他不僅不會將你的話聽進去，而且還會產生防備的感覺。所以，為了避免這種防備，進而讓他靜心聽你的話，首先就是不要打斷他，讓他把話說完。學會聽對方講話，這麼一來，對方會有一種你很注意聽他說話的感覺，認為你尊重他的意見，進而產生想和你說話的心理。這時，對方已經對你有了好感，會不

知不覺地思考你所說的話。

　　如果你不聽完對方的意見就直接打斷他，甚至提出反論，那麼，勢必引起對方在感情上的反駁，當然也就無法引起聽你說話的慾望，這樣做是極不明智的，尤其是對一些比較霸道和固執的人，採取這種方式會馬上遭到反駁。

　　米勒小姐是一位育嬰師，她對自己的職業非常有成就感。因為職業的需求，她經常拜讀一些孕婦和幼兒保健方面的書籍，她的勤奮和努力也換來了成果，她成為一名出色的育嬰師，幫助過很多孕婦和幼兒。一天，她照例去她的主顧 —— 史密斯夫婦家，照顧他們未滿 1 歲的小寶寶。她到達之後，發現史密斯太太正在和一位中年先生說話，他們所談的內容就是關於嬰幼兒保健方面的內容。米勒小姐聽後十分興奮，立刻打開了話匣子。她滔滔不絕地講述著關於幼兒保健方面的知識，還特別舉出一些如何應對幼兒病症的例子。在她講話的期間，那位中年先生一直微笑地聆聽著，還不時地點點頭表示贊同。當米勒小姐最後結束了話題時，史密斯太太替他們進行了介紹。原來，這位中年先生就是知名的兒科醫生。

　　他微笑地對米勒小姐說：「這位小姐關於幼兒保健方面的知識的確非常豐富，見解也非常正確。但是，剛才有個例子中的應對措施出現了一些小小的失誤……」當米勒小姐認真地聽完他所指出來的錯誤之處後，立刻佩服得五體投地，同時還暗下決心，要更加認真地閱讀一些專業方面的書籍。後來，米勒小姐透過自己的努力成為了一名知名的育嬰專家。

　　很多年過去之後，米勒小姐一直非常懷念這次對話。她不僅從醫生那裡學習到了很多專業方面的知識，更重要的是讓她懂得了如何尊重對方，並且讓對方尊重自己。他在聽到米勒小姐的錯誤之後並沒有立刻打斷她，

而是認真地聽完之後才指出錯誤所在。這讓米勒覺得她雖然有些地方錯了，但並沒有得到全面的否定，給了她能夠獲得成功的信心，同時也感覺到被尊重和被認可的愉悅。如果他馬上打斷她，並指出她錯誤的地方，並不能使米勒小姐立刻信服，即使在信服之後也會對自己失去一些信心。他的耐心和認同激發了米勒努力的鬥志。

然而，生活中這樣的人並不多見，很多人發現了別人的錯誤之後就會立刻打斷他，並毫不猶豫地說出錯誤之處。殊不知，自己雖然是對的，但是打斷別人說話時，除了是對他人不夠尊重外，還會使自己變得更加的自以為是，更加的不能體恤他人。長期下來就會使心變得浮躁，對自己的損害是很大的。

所以凡事，應在微小處就注意，能夠時時提醒自己尊重他人，哪怕是聽話這麼一件小事，也要學會尊重他人，不輕易打斷別人。不僅能夠幫助到對方，也能夠幫助到自己。

## *12.* 明確自己說話的目的

說話就像射箭，有了明確的目標，才能準確地把箭射中，如果漫無目的地亂射，那麼就成了《三國演義》中的曹操，把十萬枝箭「借」給了諸葛亮，讓自己遭受了重大損失。

卡內基說：「在築牆之前，你就應該把什麼圈出去，把什麼圈進來。」在說話之前，你必須有目標在胸，心中有數，才能應付自如，而在平時的生活中，很多人之所以會出現「失言」的情況，很主要的一個原因就是沒有明確自己說話的目的，說出來的話無法打動別人，最後的結果自然是事與願違。

一般來說，人們說話的目的是為了傳遞某種訊息，引起別人的注意，博得對方的信任、同情、支持和理解等，只有明確自己想要達成的目的，才知道應該做些什麼準備，例如收集哪些資料，採取何種風格，運用哪些技巧，進而能夠有的放矢，臨場應變。若目的不明，不顧場合地信口開河，對方就會不知所云，無所適從。

例如，你要請醫生看病，就應該詳細地訴說自己的病情，讓他盡快確認你的病情，如果你滔滔不絕地跟他說一些工作方面的事情，那麼就是浪費自己和醫生的時間，如果病情嚴重，那就是在貽誤治療的最佳時機，很可能讓自己丟掉了性命。

也許有人會說，我對醫生說自己的工作如何出色，收入如何豐厚，可以讓醫生放心，我並不是那種付不起醫療費的人 —— 那麼，你找醫生的目的是要向他炫耀嗎？在職業道德很強的醫生眼裡，你只是個病人，你的職業、收入與他完全無關，他要做的就是替你看病，而你要說的，就是你的病情，因為你的目的就是儘早治療。

工作也是一樣，如果你滔滔不絕地對主管說了半天，主管卻始終搞不懂你想說什麼、你想做什麼，那麼他就會認為你的工作能力不夠，起碼是沒有條理和順序，那麼，又怎能將一些重要的工作交給你來做呢？

很多人在剛開始與別人交談的時候，還能記清自己要說些什麼、想要達成什麼目的，但說著說著就會離題，導致「口出千言，離題萬里」的情況發生。

因此，每次說話之前，不妨捫心自問一句：「我為什麼要說？」或者是「我要怎麼說？」、「我要說些什麼？」可以預想一下可能出現的情境，做好各方面的準備。

總之，我們應該堅持一個原則，少說多想，讓自己說的每一句話都不離題，如果實在控制不住，可以事先把要說的事情寫在紙上，在談話的時候經常拿出來看兩眼，千萬不要被一句無關的題外話引入歧途。

## 13. 言之有物可以抓住聽眾的心

不論是寫文章，還是說話，一個最基本的要求就是言之有物，也就是說，與別人說話要有內容，不要說一些空話、廢話，只有這樣，才能讓人理解你的意圖，而且不會產生厭煩情緒。

在一艘遠洋郵輪上面，一群遊客圍在一起聊天，其中有一位大學教授和一位普通的建築工人，他們兩個最為活躍，不斷地講述自己的生活經歷。但令人感到奇怪的是，每當大學教授講述的時候，大家就左顧右盼，教授講完了，也只是乾巴巴地笑兩聲而已，而當那位建築工人的講述的時候，卻能讓大家聚精會神，聽得津津有味。

說起這位大學教授，那可是舉止文雅，說話邏輯清晰，聲音抑揚頓挫，為什麼不受大家的歡迎呢？一個最主要的原因，就是他所說的話太空洞、太籠統，本來一件很有趣的事情，到了他的嘴裡，都變得枯燥無味，成了深奧的哲理，根本不能讓大家留下深刻的印象；而那位建築工人，雖然舉止有些粗魯，但他十分爽朗，總是能把自己工作和生活中的小事繪聲繪影地講出來，比如說，當他在講述自己跟妻子和孩子到海邊度假吃燒烤的時候，就讓很多人的眼睛裡露出了嚮往的神色。

一個習慣讓談話變得具體而又確實的人，不管他的教育程度，總能引起別人的興趣來傾聽。如果能夠將自己想要表達的重點內容用形象的語言表達出來，那麼，你就已經抓住了對方的心。

例如，一個乞丐想要獲得別人的施捨，如果他這樣對你說：「先生，給我一塊錢吧。」你能把一塊錢給他嗎？假如他換一種方式：「先生，一滴露水對人也許不算什麼，但對麻雀來說，或許就能救牠一條命；一塊錢對您來說算不了什麼，但可以讓我買一塊麵包充飢，我真的很餓。」這時，你還忍心走開嗎？

在與人談話的過程，要少用一些枯燥的理論和不明確的語言，儘量多用一些生動的例子，這樣才能讓你的談話聽起來內容充實，很多人在某一方面都有類似的經歷，如果我們找出兩個典型的例子，把它們講出來，就很容易引起對方的共鳴，使他們同意自己的意見。

一天，一對中年夫婦走到了百貨公司的電視區域，一個業務對他們說道：「先生、太太，你們好，我們這裡的液晶電視正在打折，而且品質也很好，你們買一臺吧。」那對夫婦問價錢是多少，業務說：「八萬元。」那對夫婦一聽，連說了幾聲太貴了，就走了。

中年夫婦又來到了另一個展區，這時，又一位業務員走了過來，他先向這對夫婦介紹了幾臺不同款式的液晶電視的優劣之處，然後又拿這個品牌的電視與其他品牌的電視進行比較，這對夫婦連連點頭。最後，這位業務員說道：「我們這款電視的價格聽起來雖然很高，八萬元，但是它的品質有保證，能比一般品牌的電視機多用兩到三年，算下來，每年也才花了幾千元而已，一天也就十塊錢，這不過是買一顆蛋的價錢而已，可是，您卻能天天享受到電影院一般的效果，其實還是蠻合適的。」那對夫婦聽了業務員的話後，商量了一下，就決定買一臺。

在與別人交談的時候，如果害怕自己不能做到言之有物，不妨透過列數字、做比較、詳細地描述細節等方式來向對方陳述，這樣就能讓人感覺

到你對所談論的話題相當精通，使人從心裡對你產生佩服之情。那麼，你的目的也就達到了。

## 14. 「給」與「得」的博弈

在你的人際關係中，對所有的人表示感謝並給予回報是非常重要的，這不僅是一種禮貌的做法，還關係到人際關係的親密性和持久性。不用羞愧地承認，在人際關係中，就像我們看到的那樣，是一種互惠關係，存在著「給」與「得」的來往。

有人曾一針見血地指出：「當你想要得到什麼東西的時候才想到與人聯繫，這不叫人際關係，這叫乞討。」

如果你經常從你的朋友、同事、親戚、鄰居中索取而不給予回報，你的生活很快就會枯萎。你必須在「給」與「得」的人際互動中，保持互惠的來往，這樣的生活才是鮮活的，才是持久美好的。所以要定期地「給」出一些東西，再「得到」一些東西，與其說這樣做是禮尚往來，不如說是正常需求。

當你有一個重要需求的時候，也就是你要獲得某樣東西，在搜尋你的人脈的時候，你認為傑克是能向你提供幫助的最佳人選，但你和傑克已有兩年沒有聯繫了。當你向他尋求幫助的時候，你會坦然嗎？所以，不要在羊丟失之後才開始修補圍籬。但是也不可否認，當你發現了錯誤和危機後採取措施彌補，也是很有效的。這也就是所謂亡羊補牢，未為晚也。

人際關係的網絡是必須精心呵護的，漫不經心的不禮貌行為，只會使人際關係的網絡斷裂。就像一支蠟燭，它可以燃燒很久，但如果遇到風，它就可能熄滅。

加強和維持你的人際關係的策略是保持聯繫、表示感激並給予回報。

一些常見的方法有很多，例如安排一個私人會晤，經常打電話，節日互贈禮品等。

　　私人會晤是最好的溝通方式。沒有什麼比面對面的接觸更加能夠增強人際關係，但這也是最浪費時間的一種聯繫方式。

　　那些對你有重要關係的特定的人，你應定期和他們聚餐一次。見面後一起吃頓飯，無論是早餐、午餐還是晚餐，都是非常有益的。如果你沒有時間每個月都和這些人見面、吃午飯，那麼安排一個優先見面的順序是一個好辦法，確定哪些人是最重要的，然後制定一個計畫，如果可能，至少每三個月和他們相聚一次。

　　如果你經常出差，這時可以充分利用出差的機會造訪一下你所去的那個城市裡和你有關係的人。湯姆先生經常四處出差，但他並不厭煩這種四處奔波的生活，因為他將自己的人際關係網經營得非常好，每一個城市都有他的朋友，所以他的旅途並不寂寞，反而十分的溫馨。每個城市都有一些熟人等待和他聚餐的機會。所以，儘管湯姆到處出差，但他很少單獨一個人用餐。

　　電話是第二種最好的聯繫方法。打電話比寫電子郵件或留言更加有效，因為打電話是一種雙向交流。既能使你聽到別人的聲音，又能使他或她聽到你的聲音回應。你的誠懇和熱情能透過聲音感染對方，這就加強了交流的效果。

　　也許你認為打電話的機會並不多，這是你不夠細心，其實生活中有很多理由必須打電話。例如：你需要和一位很久不聯繫的朋友重新聯繫。憑藉一個電話，你能讓她（他）知道你打算和她（他）重新加強聯繫，有一些共同的東西正在走進你們的生活。

　　當你得知你的朋友需要幫助的時候，這時候就可以打電話告訴她（他），你可以提供幫助。這可以讓其他人知道你的這個朋友對你是多麼重要。打電話能表示你的關心，尤其在一個人失落的時候。如果你的朋友中有人失業了，你可以打電話問一問，是否你能提供什麼聯絡人或提供有用的資料。當你遇到困難的時候也能得到同樣的回報。這時，你可以透過電話聯繫得到幫助或支持。這也是給其他人一個機會來維持他們的人際關係。

　　網路上留言和卡片是另外一種保持聯繫和提供彼此賞識的方式。可以使用電子郵件，也可以寄出一張卡片。電子郵件當然是比較容易和更方便的，它可以便捷地幫助我們和人們保持經常性的聯絡。

　　即使電子郵件很方便，但它的作用卻不及一個人的手寫的卡片。花時間和心血準備一張優美的卡片，並親自送去，表達你的關心，這可能比一個電子郵件的意義更深遠。這張卡片能永久地被保存，重讀，甚至可以當成珍品珍藏。

　　在某些特殊場合，你需要做比寫一封電子郵件或送一張賀卡更多的事情。當你的朋友得到特別的賞識或特別的獎勵時，你可以向他們發送附帶親筆信的小禮物。禮物不一定是貴重的或奢侈的，但一定要代表你的心意，例如一個商用名片架或名片盒、一個日曆、一個筆筒、獨特別緻的筆記本等。

　　當你了解一個人的興趣和愛好後，還能送出一個真正有意義並令人難忘的禮物。比爾的一個同事非常喜歡高爾夫球和巧克力，他從朋友那得到了一份特別難忘的禮物：巧克力做的高爾夫球。這份禮物雖然很簡單，但卻不普通。對某些朋友不普通的禮物可能是：一張最喜歡的餐廳的禮券、

體育賽事或音樂會的門票等。

你的「給出」，不僅僅是幫助你保持聯繫，而且還可以讓你表達感謝，從而可以讓你在人際關係中「回收」一些東西。在禮物交換的過程中，你可以看到一個互相往來的關係，很多次是你給出，很多次是你接受。「給」和「得」讓關係變得更堅固。當你與朋友分開的時候，你都做過什麼？道謝、或透過郵件或賀卡表示感謝，送出禮物、提供資訊和策略、給予幫助和支持。如果你做了，你就建立了一個可以持續一生的關係。

## 15. 優雅的拒絕

與周圍的人都建立和保持良好的關係要花多少時間，取決於你的動機和你有多少可利用的時間。如果你是專業的人士，你會非常忙碌，時間十分有限。儘管如此，在一個月的時間裡，僅需要幾個小時就可以有效地維護人際關係。但是，如果你利用寶貴的時間來維護你的關係網，卻遭到了拒絕，這時應該怎麼辦呢？

你應該接受這種「拒絕」並離開。因為還有更多的朋友在等著你！你需要等待他有時間的時候，不要讓對方來等待你。在人際關係中，不要只考慮自己的時間，還要考慮對方的。你被拒絕的原因很可能是你的朋友恰好沒有時間。

如果你非常想認識一位專業人士，視他為導師，想得到他的指點，然而回答不會都是「好」，所以你應該做好被拒絕的心理準備。如果你被拒絕，應該尋找下一次機會。很多親密的朋友甚至師生關係都是自然地發展起來的。這可能要經歷一些神祕變化過程，即經歷相互喜歡而且互相尊敬的過程。神祕的發展過程會是人生的一種財富，但是沒有這種財富你仍然

可以獲得一種有效的人際關係。你們甚至不需要彼此喜歡，但你們需要彼此尊重，有了這種禮貌的態度，然後才可能萌發共同的喜好甚至友誼。

琳達是一家知名管理公司的一個總經理，她和邁克在同一組工作。邁克作為一個合作者來監管這個小組。當琳達第一次見到他的時候，他們誰也不喜歡對方。接觸一段時間後，琳達對邁克的評價是：「我們的節奏完全不同。我認為他傲慢自大，他覺得我不合作。他總是希望我放下手中的工作去機場接他。」

但是，邁克並不因琳達對他的態度而改變自己的態度。他們在第一年中掙扎著相互了解，覺得對方不是那麼壞。邁克幫琳達與消費者建立連結。他為她創造一些和重要人物見面的機會，他帶她參加各種重要會議並給她最適合的位置。

琳達逐漸改變了原來的看法：「我發現我可以從他那裡學到東西。我一直堅持著推動我們的工作關係往好的方向發展。他發現了我的潛力，從對他的觀察中，我學到了很多，我們今天還正常的交談。我們不僅是喜歡對方而且已經成為朋友。」所以，不喜歡、沒有相互理解時間並不能產生多大的作用，發揮作用的是最開始禮貌的態度。

保羅抱怨道：「我的朋友已經取消 3 次我們的見面了。我不知道遇到這種情況怎麼辦？」這樣的抱怨是不是經常聽到，有的人在抱怨幾次之後，就不再彬彬有禮了。

當你的朋友沒時間給你的時候，你會怎麼辦？你要做的是再爭取下一個和朋友討論問題的機會。你可以用打電話的形式代替面對面的交流方式。也許時間對你的朋友不合適，也許你對你的朋友有太多的要求，而他不能為你分出那麼多時間。如果是這樣，最好直截了當地提出來，做一個

結束合作的決定比一次又一次的錯過時間好。無論怎麼做，都比置之不理要有禮貌。

如果你的朋友不能對你的要求提供幫助，應該怎麼辦？避開這個問題讓它順其自然，你可能在這個問題得不到他的幫助，但不能說明下一個問題也不能得到他的幫助。所以，即使被拒絕，保持禮貌，那麼你的下一個問題就可能得到他的幫助。

第一章　謙遜懂禮受歡迎

第二章

修練自身好形象

在生活中，每個人都希望在見面時表現出自己最美好的一面，因此樹立形象非常重要。要表現自己的誠實並不是製造一些假象欺騙他人，而是使用一些方法和技巧，使自己本身固有的誠實之心更容易得到他人的承認和理解。

在人際關係中，經常出現這樣或那樣的失誤，例如做了不利於對方的事，或講了不適宜的話等。這樣的事發生後，往往會使自己的形象造成損害，因此必須想辦法補救。要改善自己的形象，首先要正視自己的形象，認真反省，努力尋找補救和改正的辦法，求得對方的諒解。其次就是要重視第一印象。由於第一印象具有鮮明、深刻等特點，因此，第一印象的好壞，直接關係到交際的進行。要讓對方留下美好的第一印象，首先應注意自己的語言、舉止和心態。得體的語言、優雅的舉止、良好的心態是社交的潤滑劑，能產生推進交際進行的作用。

## 1. 善於自嘲的藝術

在生活中，無可避免地會碰到一些尷尬的事情。此時你會面紅耳赤、無言以對，還惱羞成怒，破口大罵？這些都是自毀形象的做法。如果此時你能夠自嘲，會發現氣氛會變得奇妙，收到很好的結果。

自嘲，從字面上理解就是自我嘲笑。然而，醉翁之意不在酒，表面上是嘲弄自己，而內在卻另有韻味，因為自嘲讓你綻放出無限風光，展現你的美好內心。為什麼你能在處於尷尬的境地的時候還能微笑以對，因為你在內心深處認定：即使沒有蘋果了，只剩下檸檬，那就做一杯檸檬汁吧。既然這些缺點、不足，甚至醜陋已經存在，那就坦然面對，不要相信除了這些不美好的東西外就不能再擁有其他美好的東西。

　　如果你想拒絕別人的請求，直言不諱會讓人難以接受，甚至可能傷害到對方，而用自嘲的方式婉拒，既表達了自己的拒絕意圖，又會使對方樂於接受。

　　有一次，林肯不得已要出席某個報紙編輯大會，他不想當面拒絕，給人難堪，於是在大會上發言，指出自己不是一個編輯，所以他不適合出席這次會議。為了說明他最好不出席這次會議的理由，他講了一個小故事：

　　「有一次，我在森林中散步的時候遇到了一個騎馬的婦女，於是停下來，退到了一旁，讓開了道路，而這位女士也停了下來，目不轉睛地盯著我的臉看。

　　「她說：『你是我到目前為止所見過的最醜的人。』我說：『你的看法可能是正確的，但是我又有什麼辦法呢？讓你看到我實在不是我能決定的事情。』她說：『當然，你生下來就醜陋是無法改變的事實，但是你可以待在家裡不要出來嘛！這一點你完全可以決定。』」大家為林肯幽默的自嘲而啞然失笑。

　　在交談中，如果對方無意觸犯了你的禁忌，或讓你處於尷尬的境地，借助自嘲擺脫窘境，是對雙方都有好處的選擇。

　　杜魯門（Harry S. Truman）在 1950 年代初擔任美國總統的期間，要會見十分傲慢的麥克阿瑟（Douglas MacArthur）將軍。在雙方會晤的過程中，麥克阿瑟慢吞吞地拿出煙斗，仔細地裝上煙絲，把煙斗叼在嘴裡，取下火柴。他並沒有立刻點燃火柴，而是停了下來，對杜魯門說：「你不會介意我抽菸吧？」

　　麥克阿瑟的這種作為顯然不是誠心地徵求杜魯門的意見，他問話的目的就是告訴杜魯門，他的下一步動作就是抽菸，因為他已經做好了所有抽

菸前的準備才出口詢問，如果杜魯門說他介意，那就會讓人覺得粗魯和霸道。

這種不禮貌的言行讓杜魯門感到了難堪。然而，他看了麥克阿瑟一眼，自嘲道：「抽吧，將軍，別人噴到我臉上的煙霧，要比噴在任何一個美國人臉上的煙霧都多。」

當令人難堪的事實已經發生，運用自嘲能使你的自尊心透過自我排解的方式受到保護，並且，還能展現出說話者心胸寬廣的美德。

人們有時候因某些事不盡人意而煩惱和苦悶，說出去必會惹人笑話，運用自嘲，既可寬慰自己，又能避免別人笑話，可謂一舉兩得。

不盡人意的煩惱、欲罷不能的苦悶不足以讓你無法微笑，並且在嘲弄中微笑還會讓你收穫更多。很多善於自嘲的人，他們在初期因為某種缺陷的限制，而處於尷尬的境地，他們微笑著盡力將這種被限制的苦悶轉化為動力，從而獲得了更多的回報。就像威廉・詹姆士（William James）所說：「我們的缺點或許會為我們帶來意想不到的幫助。」在這樣的認知下，自嘲其實非常有用，它能幫助我們正視缺點，獲得幫助。

自嘲雖然有用，但要注意使用。自嘲運用得好，可以融洽氣氛，增加自己的風采；如果運用不好，就會使對方反感，造成交談障礙。自嘲的運用是需要審時度勢的，因為有些場合是不宜使用自嘲的。比如：對話答辯、座談討論、調查訪問等，自嘲只會使事情變得更糟。自嘲首先要在態度上戰勝自己，這樣才能化解尷尬，所以在自嘲時不要玩世不恭。自嘲讓人佩服的還是自嘲者強烈的自尊和自愛。自嘲不過是把消極的事情用積極的心態來解決。

## 2. 是態度在破壞你的形象

有一個使自己快樂同時也使他人快樂的方法，這就是在語言和行為上表現出快樂的感覺。這其實是一種生活態度在語言和行為上的展現。

心理學上有一個概念叫「鏡中自我」（looking glass self），是根據他人的判斷而反映出的自我概念。心理學家米德（George Herbert Mead）認為，我們所隸屬的社會群體是我們觀察自己的一面鏡子。他強調別人的態度、評價對自我概念形成的重要作用。因此在生活中，也要讓別人感受到自己的態度。

有些人社交能力強，他們可以跟別人談論國際時事、體育新聞，但從來不表明自己的態度，那麼這種交流也只是交流而已，永遠不會拉近彼此之間的距離；而有的人雖然不善言辭，但是總能將自己的態度在談話中恰當地表達出來，讓對方覺得他與自己有著相同的價值觀、愛好、習慣等，這樣更能拉近與人的距離。

貝莉女士在和朋友聊工作的時候，談起了她的助手 —— 一個剛剛大學畢業的年輕女孩。她給這個助手的評價是，太保守、太謹慎、太孤僻。所以，她覺得難以跟這個助手合作，她打算下個月再換一個助手。為什麼貝莉女士會覺得和助手難以相處呢？貝莉女士解釋說，她難以從這個女孩身上獲得有用的訊息，她覺得這位助手似乎有意要把自己隱藏起來，不讓自己被他人理解。

女孩從來不跟他人討論自己的興趣、愛好或者生活方面的事情。比如，同事們一起去酒吧，每次別人問她愛喝什麼，或是要點什麼的時候，她總是把手一推，要同事們先點，她到時再說。所以，她總是最後點的那個，好像生怕別人知道她喜歡喝什麼，討厭喝什麼似的。類似的事情一

多，後來每次大家都不問她，也不管她了。同事們上下班，都是有說有笑，而她卻是獨來獨往。再比如，某天這個女孩中午出去吃飯了，貝莉隨口問她：「今天和誰一起共進午餐呀？」本來就是隨口問的一句話，女孩卻一本正經地回答：「和某人！」這種答案與沒有回答問題有什麼區別呢？而且還讓貝莉感覺到「我不願意回答」，或者「我不想回答」。

鑒於女孩這樣的態度，除了工作上的事情，貝莉作為她的上級平時也很少跟她聊天，因為她總感覺這個女孩難以靠近。

有時候，部門的同事們一起在茶水間聊一些花邊新聞、八卦新聞，當同事們都興奮地發表他（她）對某個明星的魅力、穿衣品味的時候，女孩總是在一旁安靜地聽著。當有人問到她的看法的時候，她也含糊其辭：「其實每個人都有自己的喜好，沒有什麼對與錯。」

慢慢地，同事們都覺得跟她沒什麼可說的，找不到共同語言。所以，這位女孩基本上成了一個孤家寡人。

為什麼會這樣，因為周圍的人不能從女孩的言行中得出她的態度，找不到「鏡中自我」。

生活中，其實有很多的年輕人跟這個女孩一樣，穿著「防護衣」，把自己嚴嚴實實地封閉在「防護衣」內。這種防護讓人看不到她的內心、她的個性、她的興趣、甚至某一個小小的意見。別人無從打開她的心門，她總是關閉得嚴嚴實實。

這樣的人，很難與人親密地相處。要使別人對自己有一個好印象，首先要讓人接納你，而要讓人接納你，首先必須表現出你的態度，好讓人了解你。

表現出自己的態度，就是要適當地暴露自己，透過與人交談，讓對方

了解一些你的興趣、愛好、習慣等生活態度。適當地表現出自己的態度，會使雙方能在交談中找到「鏡中自我」，有了「鏡中自我」的認知後，關係就會繼續下去。

當然，自我暴露也並不是越多越好，如果過度地暴露自己，反而會產生一些負面效果。如果有一個人，總是喋喋不休地在你面前說一些他的隱私，而不管你是否願意知道他（她）的隱私，這樣的人會給你一種「以自我為中心」的印象，當然不會受到你的歡迎，甚至會引起你的反感。

另外，在表示你對某件事的態度的時候，不要太急躁，必須自然而然，緩慢到足以使雙方都不致感到驚訝的程度。俗話說，人之相知，貴在知心。要想和別人成為知心朋友，適當地表露自己的真實情感和真實想法會大有裨益。當別人需要真心話的時候，坦率地表達自己。這樣不僅有了更多的聊天話題，更是給人一種可以接近的親切感。反之，別人就會認為你難以靠近。

## *3.* 認識真誠的魅力

禮貌語言要「以誠為本」，這樣才能營造可親可信的談話氣氛。真誠的語言讓人覺得你是一個虛懷若谷的人，真誠不會讓人覺得盛氣凌人，而盛氣凌人會使得說話氣氛壓力徒增。真誠還讓人覺得你是一個以和為重的人，在談到涉及雙方利益的問題時，真誠會讓人求同存異，找出能兼顧雙方利益的方案。

真誠會讓你在不知不覺間打開對方的心扉，迎來一片燦爛的陽光。

當你想了解對方，同時也想要對方了解你的時候，應該用真誠溝通代替猜疑和假想，用客觀的了解代替主觀的認知，才能了解事實的真相。這

將會為你緩解並減少人際關係中的不少矛盾。因為你的真誠會讓對方以真誠回報，因此，在說話之前一定要記住一個定律：你希望別人如何待你，你就該如何去對待別人。

任何人都不希望得到無價值、不真誠的奉承，因為這實在是一件令人感到無聊和厭煩的事情。讚賞必須是出於真心，才是人們所渴求的。所以我們要遵守這條金科玉律，希望別人給我的，同樣去給別人。這也就是為什麼說真誠是禮貌至極的表現，沒有人願意只付出而不要求回報。

真誠作為一種禮貌行為，其實很容易就能表現出來。詹姆斯先生有一次去一個大公司的服務處，詢問他朋友蘇文的辦公室號碼。身穿整潔制服的接待人員，感覺非常高貴的樣子，他明確地回答：「亨利·蘇文先生（停頓了一會），在 18 樓（又停頓了一下），1814 房間。」

詹姆斯先生走向電梯，想了想，折回來對那個接待人員說：「你把問題回答得很清楚、恰當，方法很漂亮，就像一個藝術家，實在難得。」

這個接待人員的臉上出現了愉快的笑容，然後開始和詹姆斯先生聊起天來。他告訴詹姆斯先生為什麼在回答問題時中間要停頓一下。在聽了詹姆斯的誇獎後，他高興得把領帶略微往上拉高些。當詹姆斯乘電梯到了 18 層，順利地見到他的朋友時，他自己也感覺比想像中更高興。

稱讚真的隨時都可以進行，不必等到你成為高官、老闆時才去稱讚別人，你天天都可以應用它。

這就是真誠所顯示出的一句話的奇蹟。我們遇到的每個人，幾乎都覺得自己在某一方面要比人優秀，這一點雖然是事實，連愛默生都說：「凡我所遇見的人都有比我優秀之處，那我應向他學習。」但這個事實卻容易被我們忽略。這種忽略在實質上是一種不禮貌的行為。當這一事實被你重

視之後，它會成為你打開他人心靈的鑰匙。所以，你要真誠地承認並告訴周圍的人：每個人在自己的小天地中都是高貴和重要的。

## 4. 讓誠意助你一臂之力

在人際交往中，口才固然很重要，但真誠也同樣不能被忽視。孔子曾經說過：「巧言令色，鮮矣仁。」如果一個人長於言詞，可是表現得卻過於「油嘴滑舌」，那麼他說得再好也不會受到別人的重視，因為在旁人眼中，這個口才出眾的人沒一句真話，不值得信賴。所以說，想在語言上征服別人，首先必須要讓別人對自己的話充分信任，如果做不到這一點的話，說得天花亂墜，也不會有絲毫效果。

曾經擊敗過拿破崙的俄國元帥庫圖佐夫（Mikhail Kutuzov）就是一個以誠待人的社會活動家，他在寫給凱薩琳大帝（Catherine II）的信中說道：「您曾經問過我，我是依靠什麼樣的魅力將社交界的朋友凝聚在我身邊，我的答案是：真實、真情和真誠。」心理學領域的「互酬互動效應」理論認為，你只有真誠地對待別人，別人才會真誠地對待你。因此對於任何人來說，只有用一顆無比真誠的心與他人交往，才能得到他人的認同。你對別人說一聲再簡單不過的「謝謝」，定會讓對方產生好感，他也一定會以同樣的態度來對待你。相反，如果你待人冷漠、虛偽，別人也就不願意與你交流了。

美國第十六任總統林肯曾經有過一句名言：「你可以在所有時候欺騙某些人，也可以在某些時候欺騙所有人，但你不可能在所有時候欺騙所有的人。」這就是說，我們在與人交談的時候一定要真誠，如果說話只注重語言上的華麗而缺乏真實情感，那麼，即使我們能暫時欺騙別人的耳朵，

也永遠無法欺騙別人的內心。所以說，我們要想打動對方，就必須先問問自己：我的心是真誠的嗎？

在確認自己有一顆「真心」以後，我們還要想好該如何表達這顆「真心」。也許你會說：「有真心就行了，為什麼還要想著怎樣表達呢？」如果這樣的話，就說明你沒有看到語言的強大力量。語言作為思想的載體，在很大程度上會影響到他人對語言的理解，有些時候，儘管你說的話是出於至誠，可是由於表達不當，反而會讓人以為你是在投機取巧。

比如說你打算做一筆生意，可是需要一大筆流動資金，於是你就去向好朋友求助。你如果在交談中拐彎抹角地打聽對方手頭的資金數量，然後提出借錢的事，你的朋友多半會懷疑你的意圖。如果你換一種方式，開門見山地說明自己的意圖和難處，以及這筆生意所能獲得的利益，然後直截了當地說：「我希望你能向我提供一些幫助。」那麼，你的朋友就會對你產生信賴，認為你辦事可靠，這樣才能把錢借給你。

語言華麗固然很好，可是在某些情況下，樸實無華的語言更容易讓人產生信賴。

一位在奧運會田徑賽場上摘得金牌的運動員在接受採訪時被問一個問題：「你獲得冠軍以後心裡想的是什麼？」這位運動員並沒有像人們想像的那樣說什麼自己為國家而驕傲、感謝家人的關懷之類的話，而是不假思索地答道：「我當時只想安安穩穩地睡上一天一夜！」這句樸實無華的回答，反而讓大家覺得他比其他體育明星更加真誠可靠。

除此之外，在說話時還要注意自己的表情與音調，千萬不要給人留下輕浮的印象。尤其是談到一些比較正式的話題的時候，更要注意自己的儀態。

第二次世界大戰期間，英國首相邱吉爾（Winston Churchill）在對自己的祕書口述反法西斯戰爭演講稿時，說到動情之處竟然涕淚縱橫，正是這篇演講稿，極大地鼓舞了英國民眾的鬥志，使得英國人的反法西斯情緒空前高漲。

所以說，要想打動人心，就要帶上一份真誠，用真誠的語言表達出自己的想法，才是獲得他人信任的不二法門。

## 5. 你在聽，但是在傾聽嗎？

要想使他人對你不反感，能夠有意願與你交談，要善於傾聽，能從對方的暢所欲言中找出有用的訊息。因為你耐心的傾聽不但能夠受人敬慕，更是鼓勵別人說話的最好辦法。傾聽是一種美德，傾聽是化干戈為玉帛的前提，傾聽是深入心靈的通道，傾聽能夠使別人對你產生敬慕。

當我們翻閱那些成功者的傳記或自傳時，會發現，許多的成功者都有一個共同的地方，就是都善於傾聽，而他們的傾聽策略也讓他們受益頗多。可以肯定地認為：每一個成功者在他成功的過程裡，都必定有著聽別人說話這一策略的功勞。因此，善於傾聽別人說話會讓你更快地獲得他人的喜愛。

海約翰（John Milton Hay）是美國的一位著名政治家，他的成功之處不僅在於能夠精彩的演講，而且還能扮演一位極佳的聽眾。他在傾聽別人談話的時候，非常專注，總是一副對對方表現出崇敬的樣子。任何一個與他交談過的人，只要一起坐上半個小時，他們就會感受到自己已經被海約翰給征服了，同時，無意之中也受到他的鼓勵，不知不覺地向前走了。

大多領導人物，都是注重而且善於運用傾聽藝術的。這些人不但會對

別人的發言表示出濃厚的興趣，而且會讓人們體會到這種濃厚的興趣。可是在這個熙熙攘攘的社會裡，雖然很多人都明白傾聽這種策略的重要地位，有時還會遇到發展的良機，然而更多的是疏忽掉很多平常的機會。

拜訪過名人們的普通人或許都有這樣的感覺，那些大人物對自己並沒有好感，他們對大人物的印象是有著錯誤觀念或是粗心大意的人，他們不知道為什麼會有這種感覺。其實，原因並非出在大人物身上，而是出於他們自身，他們沒有人能夠靜靜地聆聽被訪問者的談話，只是不斷考慮自己接下來應該說什麼話，結果就是他們並不能專心地聽對方到底說了些什麼，一切感覺只是出於他們自己的推斷。很多大人物都曾表示過，他們覺得一個善於傾聽的人要比一個健談的人更讓人滿意，所以傾聽的才能要比健談的才能更為重要。

一次，某位名人來向汽車業務吉姆買車，吉姆推薦了一種最好的車型給他。對方也很滿意，打算立刻付款。眼看就要成交了，對方卻突然變卦而去。

吉姆為此百思不得其解。他忍不住打電話給那個人：「您好！我是吉姆，今天下午我曾經向您介紹過一輛新車，眼看您就要買下，為什麼卻突然走了？我知道這麼晚了還以這樣的事情打擾你實在是很不應該，但是我真的想不出自己錯在哪裡，因此特地打電話向您討教。」

「真的嗎？」

「肺腑之言。」

「很好！你用心在聽我說話嗎？」

「非常用心。」

「可是，今天下午你並沒有用心地聽我說話。就在簽字之前，我說這

車是為我的兒子買的，他即將進入哈佛大學，我還提到他的學科成績、運動能力以及他將來的抱負，我以他為榮，而你沒有任何反應。」

吉姆不記得對方曾說過這些事，因為他當時想的是這筆交易即將成功，他不但無心聽對方說什麼，反而在聽辦公室內另一位業務講笑話。這就是吉姆失敗的原因：那人除了買車，更需要得到對方的注意和重視。而這一點只有在用心傾聽之後才能給予。

善於傾聽別人談話是一種智慧，是謙虛的表現，是尊重他人的表現。人們都渴望向別人傾訴自己內心的想法，因此，如果你想得到別人的認可和好感，請仔細傾聽別人的談話。所以，如果你希望很快地接近對方並且以最快的速度獲得對方的好感，那麼最佳的方式就是認真傾聽對方的一切談話，不要心不在焉。

那麼，怎樣做一名出色的聽眾呢？你應該注意以下幾點：表達出強烈的參與願望和對話題的興趣，不要感情用事，注意觀察和體會講者的非語言訊息，注意講者詞彙的運用和選擇，適當提問或插話、做出反應、邊聽邊想。

## 6. 保持真我

如果在一次談話中，你一直感覺到壓抑，無法做回自己，那麼這次對話一定會使談話的雙方都產生反感。因為這世上最痛苦的人，就是那些希望自己成為其他人或者除他自己以外任何事物的人，所以無論說話或做事都不要壓抑自己。世界上有無數歌曲，每個人都有最適合自己的歌，而這歌只能由自己來唱。在說話、做事中保持真我，會讓你將只屬於自己的歌唱的更加美麗、動聽，這也會讓他人更加欣賞你這首歌。

　　伊迪絲夫人在她小時候是個自閉而敏感的孩子。她小時候很胖，並且臉看上去更胖。她的母親有一個古怪的觀點，認為穿合身的衣服是件很傻的事，所以她替女兒選衣服的原則就是寬鬆。她從不和別的孩子一起出去玩，就連體育課也不肯上。她覺得自己不像別的孩子那樣討人喜歡，因此感到很自卑。

　　伊迪絲夫人就是在深深的自卑感中長大的，她嫁給了一個大她好幾歲的人。她丈夫一家人都非常好，充滿自信，這種感覺是她最渴望的，但卻未能擁有的。伊迪絲夫人想變得和他們一樣，而實際上卻做不到。她知道他們為她所做的每一件事，都是希望她快樂起來，結果卻使她變得更加怯懦，甚至不願意見到老朋友，害怕聽到門鈴響起。

　　此時的伊迪絲夫人認為自己是一個徹頭徹尾的失敗者，並且不願意讓丈夫知道她的想法。每當她不得不在公眾場合亮相的時候，她刻意地表現得非常高興，甚至表現得有點過分。而當聚會結束後，伊迪絲夫人會因為她的過分表現而懊悔好幾天。懊悔的感覺不斷加重，讓她覺得生活是一種煎熬，她決定自殺，一了百了。

　　那是什麼改變了她絕望的生活呢？只是一句很隨意的話。那天，她的婆婆談起了她培養幾個孩子的心得，她說：「我總是要求他們，不論遇到什麼情況，一定要保持真我。」正是這句隨意的話卻扭轉了她的一生。她一瞬間如醍醐灌頂，突然明白她全部的憂慮和煩惱，都因為她在強迫自己扮演一個非本性的角色。

　　伊迪絲夫人的生活從此發生了 180 度的大轉變。她儘量按她的本性來說話、做事。她還發掘自己的長處，學習如何裝扮自己，選擇最適合自己的裝扮。恢復一點自信後，她開始主動和別人接觸，參加各種活動，甚至

還能夠演講、發言。伊迪絲夫人的轉變讓她自己喜歡上自己，同時也讓周圍的人喜歡上她。

一位曾經面試過 6 萬多名求職者的專家在談到面試者經常犯的錯誤的時候，指出：求職者大部分會犯的錯誤就是不能保持真我。他們不夠坦誠，遮遮掩掩，他們的迎合會讓人覺得虛假和無聊。因為沒有一個公司願意聘請虛偽的人，所以他們只能接受失敗。一個不夠坦誠的人，是不值得以坦誠來對待的。

因此，在說話的時候不要遮遮掩掩，遮遮掩掩不僅使自己受累，還會招來別人的反感。

## 7. 如何讓談話峰迴路轉

在談話的過程中出現冷場的現象是十分鬱悶的一件事，不僅會覺得無聊，還會使自己的形象大打折扣。在交談或演講中，一個話題往往不會貫徹始終，中途轉換話題是司空見慣的事。談話會出現冷場，大概也就以下幾種情況：談話內容枯竭，難以維持；原話題無積極意義，低級趣味，或可能傷及他人；產生不同意見，不便爭論、不必爭論或不想爭論；有人失言或出現意外的尷尬局面；交談一方對正在談論的話題不感興趣，甚至有厭惡情緒。那麼，如何才能靈活地轉換話題呢？

在交談或演講中，如果出現了冷場、尷尬局面，或談話觸及他人隱私，卡內基認為沒有必要再繼續這個話題，要立即轉換話題。

三國時代，一次，曹操與劉備飲酒。曹操用手指著劉備，然後又指著自己說：「當今天下，只有你和我能稱得上英雄了！」劉備聽完此話後，頓時一驚，一不小心將手中的筷子掉在地上。當時正要下大雨，雷聲轟

鳴而至。劉備從容地彎下身去撿筷子，說道：「一震之威，竟然到了如此地步。」曹操也笑著說：「大丈夫豈會害怕打雷？」劉備說：「聖人的話能產生迅雷風烈般的效果，如何能不讓人畏懼呢？」劉備的這番話巧妙轉移將弄掉筷子的過失輕易地掩飾過去了。劉備在驚慌之後，機敏地用天氣變化，把誰是英雄的話題岔開，轉移了曹操的注意力，才化險為夷。

在交談中如果發現繼續該話題時會引起雙方的尷尬或爭論時，就應該考慮轉移話題了。轉換話題可根據當時的情景、你身邊的物品等去轉變，但必須得做到「巧」。例如，在交談中，為了達到一定的目的，可以以假亂真，真真假假，虛虛實實，巧妙地改換話題。

明初，有一知府姓曹，自稱是曹操後代。有一天，他去看戲，恰好在演《捉放曹》。扮演曹操的趙生把曹操的奸詐陰險表演得唯妙唯肖，曹知府見自己祖先被辱大怒，當即派差役傳趙生治罪。差役欲帶趙生，趙生不明其理，差役告訴他原委，趙生得知後隨差役進府。曹知府見趙生昂然而來，拍案喝道：「你這樣的小民見到本府怎不下跪？」趙生瞪眼回答道：「大膽府官，既知曹丞相前來，怎不降階而迎？」曹知府氣得臉色鐵青：「你，你，誰認你是曹丞相？你是唱戲假扮的！」趙生冷笑一聲說：「哼，大人既知我是假扮者，又為何當真，欲將我治罪呢？」曹知府只好放了趙生。

談話中，如果發現所講的話題無法繼續下去，可以提出一個更新鮮有趣的話題，利用好奇心理，就可以把對方的談話吸引過來，岔開原來的話題。

小孩子看到火車後，常常會問：「媽媽，火車為什麼跑得那麼快？」這個問題一句半句是回答不清楚的，你可以說：「是呀，火車跑得可快了！不用多久就能帶你去外婆家了。」孩子多半會高興地拍著手，說起去外婆家的事。

還有一個轉移話題的方法就是利用原來的話題，借助鄰近內容隱蔽地轉移對方的注意中心，由此及彼，以新換舊，也能自然而然又機智地轉移話題。

比如，有個人正滔滔不絕地介紹週年慶某種毛衣款式，你雖不感興趣，但不能要求對方停止這個話題，那麼，可以抓住他說話的間隙，插上一句：「那次我也看了，上次週年慶好像促銷的是名牌冰箱。」這樣，就把話題引到冰箱上去了。

## 8. 注重對方感興趣的事情

每個人都有自己獨特的感興趣的事情。如果在談話中找到對方感興趣的事情，會增加談話的融洽氣氛，同時還樹立了自己的形象。

去牡蠣灣拜訪過羅斯福的每一個人，都會驚訝於他淵博的學識。這是怎麼回事呢？答案很簡單，羅斯福的博學來源於他的勤奮，他會收集對方感興趣的事情，在客人來訪之前，就把客人喜歡說的話題和特別感興趣的事準備好了。

跟其他具有領袖才能的人一樣，羅斯福非常精通溝通的技巧，讓人覺得和他談話是一件非常幸運的事。羅斯福的溝通技巧就是：對他人講他知道最多的事，是深入人們心底的最佳途徑。

羅斯福的這一溝通技巧並非他首創的。很早以前，耶魯大學文學院的教授菲爾先生就深諳這一技巧。菲爾教授發現這個技巧時只有 8 歲。8 歲的菲爾在一個週末去他姑媽家度假。那晚有個中年人拜訪他姑媽家，他跟姑媽寒暄過後，就注意到了小菲爾。當時小菲爾正在玩一艘帆船，於是他們一起討論了很多關於帆船的問題，儘管當時小菲爾關於一些帆船的常識

還不健全，但他們談得十分愉快。他走後，菲爾對姑媽說，他對帆船也很感興趣，這人真好。而姑媽告訴菲爾這位先生是一位律師，按理說他對帆船是不會有興趣的。菲爾問：「那他怎麼一直說帆船的事呢？他不會感到無趣嗎？我並沒有覺得他敷衍我。」

姑媽認真地回答了菲爾：「他是一位有修養的紳士，他為了贏得你的歡迎，當然要說一些你感興趣的事情。而且他的觀察力十分敏銳，看到你玩帆船時的神情，推斷你對帆船十分感興趣，因此一直和你討論帆船！」

菲爾十分認真地思索了姑媽的解答，思考過後非常贊同那位律師的做法。在以後的日子裡，菲爾教授一直沒有忘記那場關於帆船的開心討論。

在談話的過程中多說對方感興趣的事情，不僅能使雙方都感到愉悅，而且更容易使雙方針對某個問題達成共識。

基爾夫先生想在歐洲舉行一次童子軍大露營，他打算請美國一家大公司資助這次露營的費用。為了這個贊助，他在會見一個大老闆湯姆之前，打聽到他曾簽過一張百萬美元的支票，隨後又作廢了那張支票。他後來把那張支票裝入相框，作為紀念。所以，當基爾夫先生走進湯姆辦公室後的第一件事，就是請求觀賞那張支票。基爾夫對湯姆說，他從沒聽說過有人開過百萬美元的支票，他還告訴湯姆先生他要跟那些童子軍們宣揚這張百萬美元支票的事情。他非常興奮地拿出這張支票給基爾夫先生看，基爾夫先生看完後表示出了羨慕和讚美，並要求他講講這張支票開出的經過。

基爾夫先生在與湯姆先生談話時並沒有立即談到他的來意和童子軍的事，而是談對方最感興趣的事。這樣說話的結果如何？當基爾夫先生最後說出來意的時候，湯姆先生不但馬上答應了他的請求，而且比基爾夫先生設想的還要多，並且還寫了介紹信，囑咐歐洲各城市分公司的經理要妥善

地照顧他們。

假如沒有事先找出他興趣所在，令他高興起來，跟他接近是不可能這麼順利的。同樣的方法還可以用在商業行銷上。與客戶談他們感興趣的事情更容易達成買賣。

杜凡諾先生是紐約一家麵包公司經理，他一直希望一家大飯店能夠訂購自己的麵包。四年來，他幾乎每週都找那家旅館的經理。杜凡諾知道那個經理常去一家俱樂部，因為盼望有接觸見面的機會，他也跟著去那家俱樂部。為獲得生意，他甚至在那家飯店租下一間房間，可惜都無法使那家飯店買他的麵包。

杜凡諾先生感到很沮喪，他把這件事說給朋友聽，讓他幫忙分析錯在哪裡。朋友告訴他：「你一直失敗可能是因為你沒有讓他感興趣的地方，想辦法找出他感興趣的事，然後和他談這些事情。」

杜凡諾先生發現那家飯店的經理不但是加拿大旅館公會的會員，還因為熱衷參與這個團體，被推選為這個團體的主席。他同時還兼任了其他公會的會長，不管在哪裡開會，不論是飛越高山，還是橫渡沙漠、大海，他都搭乘飛機去開會。

於是在第二天杜凡諾先生見到他的時候，就向他諮詢關於該會的詳細情況，果然得到很好的回應。他們談論這個話題一直持續了半個多小時，那位經理顯得非常高興。杜凡諾先生看出來他的興趣就是那個團體，那是他生活中的一部分，所以他也表現出對該會的極大興趣。話題結束後，那位經理邀請他加入他們的團體。

杜凡諾先生並沒有立刻說出麵包的事，但是幾天過後，他就接到了那家飯店的麵包訂單。杜凡諾先生努力了四年的事情，現在用半個多小時就

解決了。那位經理不是對麵包感興趣，而是對杜凡諾先生感興趣。所以說，找到對方感興趣的事是拉近彼此關係、樹立形象的一個好方法。

## 9. 善意謊言的力量

奔流的河水永遠在不停地流淌，不是在逃避，而是在前進。其實到底是逃避還是在前進，誰也無法弄清，去問河水吧！善意的謊言同樣如此，我們永遠無法說清在得知真相後的感覺，但是卻不能忘記它所帶來的溫情和善意流淌在心間的感覺。

如果說出了事實會帶來傷害，那麼就得用看待問題的角度來取捨，從一個對大家都有好處的角度去看問題，善意的謊言也許就是解決問題最好的方式。角度不一樣，問題的答案也就不一樣，所以看待謊言的態度也就不一樣了。

〈狼來了〉的故事是大家耳熟能詳的：一個放羊的孩子撒謊欺騙人們，導致羊最後被狼吃掉的故事。這個故事通常用來告誡人們做人要誠實，如果人們一旦對你的為人失去信心之後，就不會對你伸出援手。誠實是做人的根本，這一點當然值得推崇，但是，在現實社會中，很多情況下我們必須學會撒謊。適當的時候，我們要說一些善意的謊言。一些善意的謊言能讓我們的生活更美好。

善意的謊言是美麗的。當我們為了他人的幸福和希望撒一些小謊的時候，謊言也會被理解、尊重和寬容，具有神奇的力量。要說出善意的謊言，首先要有一個出於美好願望的出發點，只有願望是美好的才能滋養人生，點燃信念。其次，善意的謊言要能夠給人希望，有了希望才能鼓舞人們向美好的生活奮鬥。

　　一架運輸機在沙漠裡遇到沙塵暴而迫降，但在降落的過程中飛機嚴重損毀，再也無法起飛，而且通訊設備也損壞了，無法與外界取得聯繫。10名乘客和 1 名駕駛員陷於絕望之中。求生的本能使他們爭奪有限的乾糧和水。

　　緊急關頭，一位乘客站出來說：「大家不要驚慌，我是一名飛機設計師，只要大家同心協力聽我指揮，我可以修好飛機。」這句話就像一顆定心丸一樣，使大家驚恐的心頓時冷靜下來。自覺地節省水和乾糧，一切井然有序，團結起來。

　　十幾天過去了，儘管飛機還沒有修好，但有一隊沙漠裡的商人駱駝隊經過，救了他們。幾天後，人們才發現，那位自稱是飛機設計師的乘客只是一個對飛機一無所知的醫生。有人知道真相後就罵他是個騙子，憤怒地責問他：「大家命都快保不住了，你居然還存心欺騙我們？」醫生說：「我這個謊言是為了大家好，讓大家不要放棄希望。假如我當時不撒謊，大家能活到現在嗎？」

　　善意的謊言是生活的希望，是沙漠中的綠洲，它有時改變了我們生命的軌道。其實謊言在善意的指導下，就是你想要實現的夢想，會鼓舞你一次一次地努力，為了心中的夢想絕不輕言放棄。因為未來的道路完全被歡樂的心情照亮，生活因此變得更加美好。

## 10. 讚美是付出也是收穫

　　從心理需求上講，人人需要讚美，人人喜歡讚美，人人也期待讚美。馬克吐溫（Mark Twain）說過：「只憑一句讚美的話，就可以快樂兩個月。」

　　學會讚美，自然會收穫很多。人最不應該吝嗇的就是付出讚美，讚美他

人同時也證明了自身的修養。一句讚美的話勝過苦口的良藥，能化解干戈，帶給人愉悅。讚美就像是送出的玫瑰，為他人帶去芳香，手中還餘留芳香。讚美是一種美德，它不需要付出很多的代價，卻能給人一種無形的力量，讓人鼓起勇氣，建立自信。想要鼓勵別人，就真誠地讚美他吧！讚美不僅能為對方帶來好運，而且可以使自己心情舒暢，也能有效改善人際關係。

一天，華生先生在郵局裡排隊等著寄一封掛號信。他對自己說：「我要讓那個郵務人員喜歡我，必須要說些關於他有趣的事，而不是我的。」他接著問自己：「他什麼地方值得讚賞呢？」這個問題不易回答，因為對方是一個素昧平生的陌生人。但是華生先生很容易地從他身上找出值得稱讚的事。

當輪到華生先生時，他微笑地說：「我真希望有像你這樣的頭髮！」他抬起頭，驚訝了一瞬間後微笑地回答：「不如從前好了。」華生很明確地告訴他也許不如過去有光澤，不過現在看來仍然很美觀。他們愉快地聊了幾句，最後他驕傲地說：「很多人都誇獎過我的頭髮。」

你敢相信嗎？那位郵務人員這一天一定會很高興，他回家後還會跟家人說這件事，還會對著鏡子說：「我的頭髮的確很好呢！」

從他身上，你會想到什麼呢？如果我們卑賤自私，只想從別人身上得到什麼，而不樂意付出，那我們注定是要失敗的。

華生先生簡單的一句讚美之言，確實不算什麼付出，但是他卻獲得一些非常貴重的東西，他做了一件不需要回報的事。那件事無論過了多久，在這個郵務人員的回憶中，華生的話仍然會閃耀著光芒。

在現實生活中，每一個人都曾得到過別人的讚美，也曾讚美過別人。真誠地讚美別人和得到別人真誠的讚美，都是一件很愉快的事情。熱愛周圍每一個人的言談舉止，因為人人都有你值得欽佩的性格。學會讚美，掌

握這門溝通藝術，真誠是前提，細心是基礎，準確是靈魂。俗話說：「心誠則靈。」真誠地讚美來自內心深處，是心靈的感應，是對被讚美者的羨慕和欽佩，能使對方受到感染，產生共鳴。恰到好處的讚美才能獲得最佳的效果。及時是甘露，及時地讚美，付出和回報的效果是最明顯的。

只要用心去發現，便容易看到別人的長處，並真誠地給予讚美，在帶給他人愉悅的同時，也使自己收穫更多。讚美是快樂的「加油站」，它把美好傳遞給周圍的每一個人。當你傳遞的是美好的東西，會得到另一份美好的回報，這就是成功者的心態。因為成功者總是把美好的東西奉獻給身邊的每一個人，並且一起帶動周圍的人奔向美好的未來。

## 11. 波瀾不驚地反擊他人挑釁

假如你在明知自己是正確的，而對方是在無理取鬧的時候，仍然選擇躲開或默默地承受，那麼你得到的只是別人的譏笑和輕視。所以，在這種時候，你應該聰明地反擊。

無理的挑釁有哪幾種情形呢？一些心懷惡意的人可能會故意散布你的隱私，面對這種惡意時應該怎麼辦呢？

首先要儘量不認為他人別有用心。這是為了克服自己的心虛，因為在被別人說出「隱私」時難免會感到驚慌失措，此時如果我們神經兮兮，對別人的每一句話都思索一番，這就是自尋煩惱了。因為在許多場合，對方往往是脫口而出或即興聯想的玩笑，根本沒想到會傷害你。保持冷靜是應付這種局面的第一件事。

其次是不要反脣相譏。有人聽不得半句「重話」，動輒反擊，常挑起脣槍舌劍，使良好的關係破裂。一般說來，開玩笑的人若是得到嚴肅的回

報，臉上常掛不住。所以，我們不能因為笑話失去一個朋友，甚至給人留下心胸狹窄的印象。反脣相譏只能證明你是一個心胸狹窄的人，不僅產生不了反擊的效果，反而會造成「此地無銀三百兩」的嫌疑。

最後，遇到人「揭短」，千萬不能羞怯，也不能正常地保持沉默，又不能機智地改變處境，以至失態，那就顯得有些「小氣」了。保持泰然自若的風度，暫時把「揭短」拋置一邊，尋找別的話題，或點起一根菸，端起一杯茶，轉移別人的視線等，這才是正確應對「揭短」的態度。

卡內基總結出在談話中，有意說錯話也是應變的技巧之一，這在應對莫須有的「揭短」時非常有效。人們說話交談，總是儘量避免出現差錯。可是，在某些情況下，有意地唸錯字，用錯詞語，卻有神奇的功效，不僅能解圍，還能塑造幽默的形象。

## 12. 放下報復的心理

如果自私自利的人想要占你的便宜，不要計較，也不要報復，當你想著要從他身上找回平衡的時候，你就已經失去了一些東西，並且你損失的遠比對他造成的損失還大。

卡內基講過一個故事，在美國所向無敵的灰熊能容忍很臭的小鼬鼠和牠分一杯羹而不一掌把牠毀掉，因為經驗告訴牠，那樣做的結果很糟糕，因此大灰熊容忍臭鼬與自己分享食物。卡內基還告訴我們：「永遠不要對敵人心存報復，那樣，對自己的傷害將大於對別人的傷害。」不要心存報復，因為聰明的人，是不會招惹任何一種臭鼬的。

如果因為憎恨你的仇人，影響了你的睡眠、食慾還有血壓，使你的健康和快樂受到損害，這是你希望的結果，還是你的仇人需要的結果呢？恐

怕你的仇人更希望你憎恨他吧。你的憎恨給了仇人勝利的希望，他們很樂於見到你掙扎在痛苦和憤恨之中。所以，對仇人的憎恨不會對你的仇人造成任何損害，反而會使自己淪入地獄般的生活。

報復之心會對你的健康帶來很大損害。醫學認為：「長期處在憤怒的狀態下，高血壓和心臟病就會和你長伴。」任何醫生都了解，有心臟病的人，一旦發怒就可能致死。而怒由忿生，所以對待不滿或有損自己利益的事情，應該學會寬容，而不要說些報復的話。報復的話只會使憤怒增加，反而傷到了自己。

一位警察局局長曾經講過一個故事：68 歲的老威廉，開了一家小餐館，他對廚師總是用茶具來泡咖啡很不滿。有一天，他又看到這個廚師用茶具泡咖啡，他火冒三丈地說：「我已經告誡你多次了，不要用茶具來泡咖啡，你竟然毫不悔改，我會讓你為自己的這種行為付出代價。」他報復性的話剛說完，就因為心臟病突發而倒地死亡了，手裡還緊握著一支槍。根據驗屍報告，他過於憤怒引發了心臟病導致死亡。

如果做不到善待敵人，那麼至少應該做到善待自己。我們不能讓仇恨控制我們的健康、外表和快樂。正如莎士比亞（William Shakespeare）說過的話：「不要為敵人點燃怒火，最終燒傷的是你自己。」如果你不能善待你的敵人，那麼至少也應該忘記那些憎恨的緣由。原諒或忘記你的敵人，就是善待你自己的方法。原諒或忘記並不是愚蠢的表現，而是一種聰明的做法，這就是所謂的大智若愚吧。

俗語說：「不會生氣的人是傻瓜，聰明的人是不生氣。」一個總與犯罪為敵的警察局局長，他憎恨的人應該很多。因為他總是處於危險之中，時刻面臨死亡的威脅，他還是不改初衷，繼續與罪犯纏鬥，因為支持他繼續

的理由不是憎恨，而是要減少憎恨。叔本華（Schopenhauer）認為生命本身就是痛苦的冒險，這一點對於總處於危險之中的警察來說尤其如此，然而即便是在深深絕望的時候，也盡力「不要怨恨任何一個人」。

要善待或忘記那些曾經誤解過和敵視過我們的人，就要努力做一些超出我們能力的事情，這可以讓我們忘記曾遭受的屈辱和敵視，將時間和精力轉移到我們所要達成的目標上，而不是專注在仇恨上。

人們在生活中難免會有一些挫折，有時受到傷害，不要拿起報復的武器進行反擊。因為在報復的同時也傷害了自己。我們對別人心存仇恨時，就是賦予對方敵視自己的更大力量，每個人企圖報復他人時，實際上就是在撕裂自己的傷口。

這時應該控制自己的心情，從陰影中盡快走出來。如果走不出陰影，那麼只會讓心情越來越壞，那樣，做任何事情都會於事無補，除了只能接受已造成的傷害，別無他法。

拋棄報復心理，笑一笑，告訴自己：生活就是這樣。然後繼續走自己的人生之路，讓心靈得到自由。解脫自己，也是在解脫對方，這才是最佳的處理方法。你的好就在於把不好的人變好。這會使你的心靈更加自由，形象更加高大。這個社會不需要睚眥必報，最好的是彼此關愛，只有這樣，生活才變得更加愉快。

## 13. 少關注一點自己

你遇到過那種人嗎？他總是在你面前不斷地訴說他的工作多麼出色、他的房子多麼漂亮、他的孩子多麼聰慧等等這樣的誇耀。這種人是令人討厭的，他們對自己的炫耀是一種極其自私的行為。當他們陶醉於在所展示

的自負感時，忘了對方其實也是需要關注的。

當你與一個人談話時，要明白，對方的需求、對方的問題比你自己的需求和問題重要一百倍。牙痛只有發生在自己身上才能深切地體會這是一件多麼痛苦的事情。發生在自己身上的疼痛比發生在他人身上的疼痛大一百倍。因為人總免不了以自我為中心，所以，在談話的時候總是關注自己，會使對方覺得喪失了自我。

一位知名的校長曾經說過：「只談論自己，永遠只為自己想的人是無藥可救的，沒有受過教育的！他無論接受過什麼教育，跟沒有受過教育一樣。」

所以，想成為一個談笑風生、受人歡迎的人，就不要總以自己為中心，而是要關注別人，傾聽別人的談話。因為要使別人對你感興趣，首先要對別人感興趣。關注他人，問他喜歡回答的問題，鼓勵他談談自己，就會使他在不知不覺之間向你敞開心扉。

一個橋牌俱樂部的會員約瑟邀請他的朋友柯南一起參加一個聚會。柯南不會玩橋牌，巧的是聚會中的另外一位小姐凱特也不會玩。柯南曾經與約瑟一起在歐洲各地旅遊過，柯南還記錄了一路上的所見所聞。凱特聽說過後，問道：「柯南先生，你去過哪些名勝古蹟，看到哪些離奇景色？能不能向我介紹一下啊？」

交談了一會後，凱特小姐說他最近跟丈夫一起去了亞洲。「亞洲！」柯南說，「我總想去一次，特別是中國。但是除了曾經在日本停留 24 小時外，就沒有去過其他地方。能不能告訴我關於亞洲的情況？」

他們的談話持續了 45 分鐘，她不再問柯南到過什麼地方、看過什麼東西，也不再談柯南的旅行。她現在需要的是一個專心的聆聽者，使她能

講述她所到過的地方。

後來，凱特小姐評價柯南是「最風趣、最健談、具有優雅談吐的人」。其實柯南並沒有說多少，他只是一個很好的提問者和傾聽者。

只有在不關注自己的問題之後，才能認真地對待對方提出的問題，溝通才能繼續下去。

海頓先生最近在一家百貨公司買了一套黑色西裝。這套西裝會褪色。他拿著西裝去了百貨公司，找到那個店員，想要把衣服情況告訴他。可是在他說出問題之前，就被這位店員給打斷了。這位店員說：「我們已經賣出去幾千套這種衣服了，你還是第一個來挑剔的人。」他說話的聲音很大，理直氣壯，好像在表示：「你在撒謊，別以為我們是好欺負的！」

正當海頓先生與這個店員激烈爭論時，另外一個店員也說：「所有黑色的衣服都會褪色的，這無法避免。這種情形很普遍，都是材質的原因！」

海頓先生聽完後立刻生氣了，從這兩個店員的話裡他感覺出第一個店員懷疑他說謊，第二個店員暗示他買的是瑕疵品。正當海頓先生打算責罵他們時，百貨公司的主管過來了。

主管的一番話使得海頓先生的怒氣煙消霧散，從一個憤怒的顧客變成一個滿意的顧客。他是怎麼說話的呢？

他先讓海頓先生從頭到尾講述了經過，沒有打斷，始終靜靜聽著。海頓先生講完後，那兩個店員又開始與他爭論了。主管卻站在海頓先生的立場跟他們講理，他說這套衣服有明顯的品質問題。他堅持不應該賣出。最後，他對海頓先生說：「該如何處理這套衣服，我完全依照您的意見，請你儘管吩咐。」

幾分鐘前，海頓先生是想退貨的，這時他改變主意了，他問：「我想知道褪色的情形是否是暫時的。如果衣服不再褪色，我就不退貨。」

這位主管建議海頓先生把衣服帶回去，再穿一個星期看看情況如何，如果還是不滿意，他仍然接受退貨。最後他還說：「我們感到非常抱歉，造成你的困擾。」

海頓先生滿意地離開百貨公司。一個星期後，那套衣服沒有發生任何問題，他恢復了對那家百貨公司的信心。

為什麼這位主管能成為主管，而店員只能是店員呢？因為他懂得：即使是最激烈的批評者，最愛挑剔的人，也會在一個抱著忍耐、同情的傾聽者面前軟化。因為他覺得自己受到了關注。

一些人不能讓人留下好印象的原因，是因為他們從不張開自己的耳朵，不注意傾聽別人，只關注自己的問題。所以，要想獲得好印象，就不要總關注自己。

## 14. 適當地忘記自己

第一次與人交談，難免會緊張，或不知所措，如何在初次見面的時候克服緊張，讓人留下好印象呢？

在人多的場景，很多人都有這樣的想法，不要在人多的場景把自己當成焦點，忘記自己，關心別人。交談的時候把焦點放到對方身上，忘掉自己。關注氛圍和他人，投入進去，忘掉了自己，症狀就沒有了。對方怎麼樣，對方是什麼人，對方如何，對方言語和行為如何等等，關注對方，把自己拋開，就不會感到緊張了。

很多時候，緊張是因為害怕自己失誤，這個時候大膽地克服完美心

理，允許自己失誤，能夠減輕緊張的情緒。這裡的「失誤」只是心理上的一種錯覺，即便真的說話不得體或者出醜，在他人心裡遠遠不如你自己的感覺糟糕。因為人最難戰勝的不是別人，是自己。讓別人留下好印象之前，要先讓自己留下好印象。也可以這樣認為，留給別人好印象，不如說是留給自己好印象，或者說一切都是自己在監督自己，與他人無關。別人怎麼有心力時刻關注你呢？

所以不斷提醒自己，是自己在監督自己，謹慎的留給他人好印象，實際在這背後，都是在為自己活著，是留給自己好印象，是為了自己滿意，能夠讓你安心的不是他人，而是自己，因為最難通過的一關是自己，是自己時刻感覺著自己，自己介意自己表現不夠好。

如果真的關注自己的表現，那就仔細去分析自己，專找錯誤和不好的地方，感覺一下，這些不完美，客觀的看一下，有對你產生重大影響嗎？你可能會說，那些不好表現都讓別人看到了。在聚會時，人有那麼細心嗎？而且大家都很注意身邊每個人的表現嗎？客觀地去體會一下，他人時刻關注的是自己，還是你？如果是重要人物，那自然一言一行，不能隨意，可是生活裡沒有這麼多的規矩，無所謂對或者錯，好或者不好，都是自己的評價和感覺。因為你在意得多，所以你才痛苦，因為別人想著的都是自己的事情，每個人都很忙啊，誰會一直想你，分析你呢？所以，過於在乎別人對自己的看法只是給自己增加負擔。

那麼，有什麼方法能夠轉移對自己的關注呢？在感覺到緊張時，要適當地分散、轉移自己的注意力。一個是思維的轉移，想些別的事情，把注意力轉移到其他方面。另外是行為的轉移，比如聚會的場合很緊張，可以上洗手間，可以起來走走，看看窗外的風景，舒緩一下。

其實，人們在談話中的反應或多或少都會被平時的生活影響。緊張的生活也會使你的神經或情緒變得緊張。在感到生活緊張時，要勇於去行動，在生活裡越緊張，越要鼓勵自己多實踐和體會，並在生活裡加深體驗。鼓勵自己，就是在別人面前不怕出醜，勇於表達真實的自我。

「哈，這就是我啊！」每一次行動之後，都應該這樣鼓勵自己。要有這樣的感覺：這也沒什麼啊！沒有自己想像的誇張。自己一坦然，在誰面前都感覺不到緊張和害怕了。

無論在哪裡，別人看你，多從對方角度想，他們的視線是什麼，客觀地去分析他們的眼神和態度，一旦明白這一點，你就不緊張了。比如超市排隊，你後面的人看你，想想看，等待著結帳多無聊啊，看你是一種打發時間，是隨意的，也是一種等待中的焦慮，希望早點結帳。從他的視線裡面，你可以看出他關注的是什麼，而不是你這個人如何。一定要記住：把自己從別人的視線中移開，不是你走到哪裡，都有人關注你，評價你。

轉移緊張最好的方法還是要表現出你的自信、開朗、真誠。一旦你放開自己，你發現你和很多人一樣平凡，普通，平等，人和人之間並不是非要你看不起我，我看不起你。大眾生活中更多的都是隨意的交流，懂得基本的禮節和禮貌，越隨意越自然，越讓人感覺舒服。越刻意，越遠離了人群。

在生活中，偶爾會出現不太緊張的情況，這個時候說明你進步了，你很欣喜有了這樣的認知：「啊，我那個時候沒有緊張啊！」這樣的欣喜能夠把原來和人交流的緊張陰影抵消掉，那種緊張的固定思維就會被你遺棄。用你的成功不斷的帶動成功，當有一個場合不緊張時，下一個場合也會感覺到不緊張，這樣就不會在任何場合感到緊張了。

## 15. 耐心往往會讓你獲得意想不到的效果

　　雖然面對一個喋喋不休的人，難免產生一些厭煩的心理。但如果你能夠耐心地聽完他（她）的話，並幫忙分析問題，會比你打斷他（她）發揮更好的效果。你的耐心會幫助到對方，也會幫助到你。

　　一個有耐心的傾聽者必須足夠沉著，有著過人的耐性，即使氣憤的挑釁者像一條大毒蛇吐出毒液的時候還能保持沉靜。

　　很多年前，一位顧客怒氣沖沖地闖進克萊斯先生創辦的公司。他指責克萊斯先生汙蔑他欠了公司 200 美元。而實際上錯的是這位顧客，因此公司要求他付款。他接到幾封信後，直接來到克萊斯先生的辦公室，告訴克萊斯先生，他拒絕付那筆錢。

　　面對這位顧客的無理指責，克萊斯先生耐著性子安靜聽他說完，即使在這位先生大放厥詞的時候也極力忍住與他爭吵。因為克萊斯先生明白爭吵不是解決問題的方法，他要耐心地等待這位先生慢慢地平息他的怒氣。最後，克萊斯先生平靜地說：「你特地來我的辦公室告訴我這件事，對此我表示感謝。實際上你讓我發現一個急需解決的問題：我的公司如果得罪了你，相信他們也一定得罪別人，後果不堪設想。請相信我，我需要你來告訴我剛才你所言的事實。」

　　克萊斯先生的話讓這位顧客靜下心來了解事情的始末，而不是繼續爭論。後來這位顧客發現原來是他自己弄錯了。

　　克萊斯先生的耐心和誠懇讓這位顧客不再惱怒和猜忌，冷靜下來分析問題，這樣才能使人在複雜的問題面前不犯錯。在很多年後，他一直是克萊斯公司的忠實顧客。克萊斯先生的耐心替他的公司換來了忠實的顧客，因為耐心背後能夠看到信賴和真誠。

所以，一個想要認真說話的人，首先要具備耐心的態度。說話是為了交流，不是一個人的事情，要明白問題本質，需要耐心地傾聽，不要認為對方的嘮叨是幼稚或無知的行為。耐心會讓人感覺你的態度是理解、接受、贊同。當你的態度得到認可後，信賴和真誠就會在雙方之間達成。

## 16. 學會傾聽別人的苦悶

有位心理醫生說過：「找心理醫生的人，他們需要的不過是個傾聽者。」心存煩惱的人需要傾訴，用來宣洩煩惱。傾聽別人苦悶的人，是啟發了自己的思維，所以，傾訴和傾聽對雙方都有利的。當然，作為傾聽者來說，必須要有博大的胸懷。生活中我們常常會碰到這樣的人，只想到自己傾訴，不想傾聽別人的傾訴，其實，聽別人訴苦，也會給自己帶來一些收穫。

在美國內戰最黑暗的時候，林肯遇到了一件事情。他的一位老鄰居來到白宮與他討論一些問題。這位老鄰居到白宮後，針對解放黑奴的問題說了一下午。林肯把這項行動贊同和反對的原因都認真地分析給他聽，也不管這位老鄰居能不能聽懂。林肯一邊訴說著自己的看法，還一邊看報上和信件上的評論，有的因為他不解決黑奴問題而譴責他，有的是因為怕他解放黑奴而譴責他。談了幾小時後，林肯和這位老朋友握手言別，送他回到伊利諾州。

林肯並沒有徵詢這位老鄰居的意見，他說了所有的話，說出這番話後，他的心情好像舒暢了許多。老鄰居後來這樣說：「林肯跟我說過話後，他的心情好像舒適暢快了很多。」是的，林肯不需要這位老鄰居的意見，但他需要一個傾訴自己的機會，他需要的是友誼和同情，一個靜靜聽他說

話的人，以此排遣他心裡的苦悶。在面對苦悶、困難的時候，每個人都有這樣的需求！當你傾聽別人的苦悶的時候，往往也會從中得到啟發。

賴斯是一位小學教師，他非常善於講故事，當他看到學生興奮和敬佩的眼神時，心裡感到無比的開心。剛開始時，有的孩子只是當聽眾。可後來他們都會參與，都爭先恐後的把自己知道的東西全部說出來。漸漸地師生的關係近了，賴斯先生也從孩子們身上找回了自己的童年，因此他準備了更多好聽的故事。當賴斯老師沉浸在故事中的時後，他忽略了孩子們的其他要求，他變成了一個興奮的演講者，而不再扮演一個忠實的聽眾。

有個不愛說話的孩子下課後悄悄問他：「老師，你為什麼在講故事的時候沒有停頓呢？我還沒完全聽懂的時候，您就已經講完了。」連這個最不愛說話的孩子都提出了這樣的問題，賴斯老師立刻意識到，他已經偏離講故事的宗旨了。他太過於專注於自己的故事，並沒有給學生們傾訴的機會，他需要傾聽孩子們的問題和感想。給出一個傾訴的機會，或許比辛辛苦苦地講故事能得到更多的收穫。因為當孩子們將對故事的看法或問題說出來時，說明他們已經認真思考過，老師認真傾聽他們的看法，這給了孩子們更加勤奮思考的動力，否則，講故事也僅僅是娛樂而已。

賴斯老師從這件事上學會了一個道理，給出一個傾訴的機會有時比給出一個明確的意見更加有效，因為傾訴者有時需要的並不是意見，而是一個表達自己的機會。

交談者之間的傾訴與傾聽能增強雙方之間的信任、理解和尊重。當別人向你哭訴自己的不幸時，說明他向你打開了一扇信任之門。若你能給以理解和尊重，那你收穫的就不僅僅只是對方的信任了。

## *17.* 給予，卻從不提及

在人的天性中，天生就愛忘記表達感激之情。要是我們幫助別人就想得到別人的感激，那只會讓自己和他人都感到頭痛。

傑克先生曾經遇到一位商人，他怒氣沖沖地對傑克說：「11個月以前，我向自己的34位員工一共發放了1萬美元的年終獎金，可是令我氣惱的是，居然沒有一個員工向我表示感謝，你說怎麼好心沒好報呢？」

古人有云：「人之所以憤怒，因為他心中滿是怨恨。」傑克非常同情他，因為他已經60歲，卻花時間抱怨這件早已過去的事情。

他應該停止抱怨，去分析為什麼員工不感謝他，或許他發給員工的薪水很低；或許員工認為發放年終獎金是再正常不過的事情；或許他脾氣不好，員工根本不敢也不願意表示感謝……

當然，也許還有其他的可能，比如他手下的員工都沒有修養和禮貌等等。但我們並不了解事情的真實情況，無法判斷到底誰是誰非，清官難斷家務事，但有一句話我們必須記住：「良好的教育會讓人常懷感恩之心，但這樣的人極為稀少。」

大部分對人施恩的人，都有一個錯誤的認知：希望得到回報。而這恰恰說明了他對人性的無知。

要是你曾經救過某人一命，你可能也會希望他對你感激。一位非常成功的律師，他成功地為很多人辯護，使他們免於一死。可是在這些人中有多少人在以後的歲月裡對他表示過感謝呢？哪怕只是寄一張聖誕賀卡給他呢？很遺憾，一個人也沒有。耶穌一下午治好了10位病患，也只有一個人向他道謝，那9個人連個「謝」字都沒說，就全都走了。

　　請你想一想，為什麼你、我，還有那個商人在施了一點小小的恩惠之後，卻想要得到比耶穌還多的感激呢？

　　因為每個人看重的不是絕對的，而是相對的，人性就是如此，你不要奢望人們會做出改變。我們應該坦然地接受這個事實，從此施恩不求任何回報，要是我們得到被幫助者的感謝，就當一次驚喜；如果沒有得到任何感激，那我們也不必為此悶悶不樂。這樣才會在接受了自己的同時被他人接受。

　　想在這個世界上得到愛，唯一的方法就是不求回報的付出你的愛。這個方法是不是太理想化呢？其實不然，這不過是最普通的方法，會讓我們都感受到快樂的方法。亞里斯多德（Aristotle）說過：「理想的人，以幫助他人為快樂。」這並不能說明這個人很偉大，而是說這個人很理智。

　　如果你想在別人眼裡的形象高大，那就不要考慮感恩與否的問題，而享受幫助他人的樂趣。

　　幾千年來，多少當父母的在悲哀地嘆息兒女竟不知感恩。莎翁筆下的李爾王也如是說：「一個不懂感恩的孩子，比毒蛇的毒牙還具殺傷力。」

　　在幫助了別人之後，不要叮囑他們要感恩，人類忘恩的本性就如同野草，而感恩之心就如同玫瑰花，要對其精心培養、耐心呵護。

## 18. 有一顆感恩的心，說一句感恩的話

　　我們要求自己不要把施恩掛在嘴邊，但當接受了他人的恩惠時，卻要多說一些感恩的話。

　　在平淡的生活中，你是否也有一顆感恩的心，能夠體會到別人為你所做的一切，體會到別人為你付出的愛心呢？很多人總是自私地抱怨別人為

自己做得太少，希望從別人那裡得到更多，而視而不見別人為他所做的一切。擁有一顆感恩的心，你就會發現，原來我們的身邊有這麼多的人在為自己的幸福而付出。記住別人為我們所做的一切，並充滿感激地去回報別人，你將會得到更多的愛。不要以為別人為你所做的一切都是理所應當的，別人沒有這個義務，我們也沒有不付出就得到回報的道理。

英國的許多教堂裡都醒目地刻著一句話：「多思考，多感激。」能夠真正做到這一點的人，到哪裡都是受歡迎的。

你願意用自己的雙眼或者雙腿來換取 100 萬美元嗎？或者你的雙手、你的味覺，還有你的家庭……把你所擁有的列舉出來，你會發現自己捨不得賣掉所擁有的一切。那為什麼我們不能在平日裡就重視我們已擁有的呢？這一點似乎很難做到。就像叔本華所說：「我們總是日思夜想我們不曾擁有的東西，卻往往忽略了我們已經擁有的。」世上最大的悲劇莫過於此，它帶給人們的痛苦和折磨遠比歷史上任何一次戰爭或災難都要多。

我們總是日思夜想我們不曾擁有的東西，卻往往忽略了我們已經擁有的。這就是我們為什麼總不記得感恩。所以，要珍惜我們所擁有的，懷抱一顆感恩的心，對身邊一些微不足道的小幫助都感激，這樣才會發現更多的生活之中的美好之處，才會被眾人接受和喜歡。

## 19. 通俗易懂不等於沒品味

我們經常遇到一種情況，有些人的工作專業性質比較高，所以他總是在嘴邊掛著一些專業術語，這些術語只有同行的人才能聽懂，那麼在跟同行以外的人進行交流的時候，就要儘量地使用一些通俗易懂的語言了。

一般來說，從事醫生、律師、工程師這些工作的人，他們說話的時候

會涉及到很多專業術語，但是，我們並不能保證找醫生看病的病人、委託律師辯護的人、在工程師指導下施工的工人也能聽懂他們的話。

湯馬斯先生是一位著名的醫生，有一次，他被邀請到一個社區去演講。這個社區的人教育程度普遍偏低，而他所講的卻都是一些如「用橫膈膜來呼吸，可以促進腹部蠕動」這樣的專業術語。

但是，由於聽眾並不懂什麼是橫膈膜，也不了解橫膈膜呼吸和其他的呼吸方式有何不同，這種呼吸方式對身體有什麼特別的幫助，有的聽眾甚至連蠕動是什麼動作都不清楚，所以當講座結束的時候，聽眾的反應並不熱烈。

這件事他感到非常沮喪。後來，他把這件事情告訴了卡內基，卡內基建議他不要按照在醫院的習慣來講話，嘗試著像在幼兒園講故事那樣來進行演講。

不久，他再次接到演講的邀請，這次，他仍然講解了關於「橫膈膜呼吸促進腹部蠕動」的話題，不過卻變成了另外一種方式：

「橫膈膜位於人的胸部與腹部之間，是一層非常很薄的膜，當人們在呼吸的時候，橫膈膜它的形狀就正像一個蓋著的水盆。你如果收緊腹部深深吸氣的時候，橫膈膜就會受到空氣的擠壓，會由原來的弧形變成平面。在這時候，你可以感覺到你的胃壓迫著你的腰。所以，橫膈膜也因此產生一種向下的壓力，摩擦並刺激到腹腔上部的各種器官，像胃、肝、胰臟以及上腹部的神經等，有益於身體。等到你呼氣的時候，你的胃和上腹部的各種臟器就會被橫膈膜推上去，這是另外一種摩擦，可以幫助人們減輕你排泄的壓力。凡是消化不良以及便祕等腸胃疾病，基本上都能透過橫膈膜的呼吸練習來治癒。」

這一次，醫生的話沒有受到質疑，最終，大家對他這次精彩的講解報以熱烈的掌聲。

為什麼有人在解釋一個很簡單的問題時，總是讓人聽不懂呢？這是因為他們在說話的時候，並沒有考慮聽眾的理解能力，說話的人總是這樣想：「如果我多說一些專業術語，就能夠讓我在聽眾面前成為一個『專家』。」在他們看來，聽眾會認為專家代表著權威、無可置疑。

但事實卻恰恰相反，說話的最終目的，應該是讓所有聽眾都能明白自己的意圖，而不是讓他們陷入困惑。所以，不管解釋什麼問題，都應該避免把簡單問題變得複雜化。既然一句通俗易懂的話就能把事情說清楚，那就不要引用枯燥的理論依據、高深的專業術語來討論這件事。當然，如果必須要使用某個專業術語，也應該先把這個專業術語的概念向大家解釋清楚。

如果你也想讓自己受到聽眾的歡迎，那麼不妨先找個對話題最不了解、最沒興趣的人進行練習。要想讓他對你所說的事情感興趣，就要用最通俗、最淺顯的語言，把你要說的事情解釋清楚。如果你的聽眾有大人和小孩，那麼不妨把自己的注意力集中在小孩身上，如果你講得足夠清楚，連一個孩子都能聽懂，而且小孩回到家以後仍然能夠興致勃勃地提起你說的話，那就證明你成功了。

## 20. 簡單扼要可以捕獲聽眾的心

很多人都有一種錯誤的認知：為了讓別人盡可能地了解自己堅持的某種理論、某種觀點，就應該用大量的語言來進行描述和解釋。而且，絕大多數人也是這麼做的，但是，一旦這些人口若懸河、滔滔不絕地演講時，

底下的聽眾不是心不在焉地四處張望，就是無精打采地昏昏欲睡。這是我們想看到的結果嗎？當然不是。一刻不停地說話並不是真正的意義上的口才好，真正會說話的人能夠使最短的話語發揮最大的效力。

「簡潔是智慧的靈魂」，世界著名演說家傑拉德‧菲爾特爾（Gerard Fairtlough）一語點破了演講藝術的奧妙。在他看來，一個人應該經常說話，但每次說話的時間不能太長，用最少的語言去敘述故事──要麼是簡短貼切，要麼就乾脆不講。事實上，不管是演講還是談話，都十分忌諱囉嗦、冗長、含糊其辭。

美國現代著名作家馬克吐溫就曾講過這樣一個故事：

一個星期天，湯姆到教堂去做禮拜，恰好趕上一位傳教士在那裡募捐，牧師用哀憐的話語講述著非洲傳教士的苦難生活，使人聽後都感到很不忍心。湯姆聽牧師講了 5 分鐘，就決定捐 50 美元；但牧師卻沒有結束演講的意思，半個小時以後，湯姆決定把捐款 35 美元；又過了一個小時，牧師終於結束了冗長的演講，拿著捐款箱走過湯姆面前，湯姆居然從捐款箱裡偷走了兩美金。

冗長、囉嗦不僅妨礙了演講的效果，而且還會使聽眾感到極度的厭煩。現代社會，人們的生活、工作節奏變得越來越快，說話、做事的效率也需要提高，所以在說話的時候，也應以簡單扼要為宜。事實上，從古至今，不管什麼地方的人，都不喜歡聽到冗長的演講。

泰賽克斯是古代的一位聖人，有一次，有位名叫尤迪克斯的年輕人聽他講道，結果因為泰賽克斯的演說實在是冗長無聊，結果坐在窗邊的尤迪克斯不僅睡著了，而且一不小心竟然掉出了窗外。

有位名叫約翰森的人類學博士，他的書中記載：非洲的某個民族經常

聚在一起集會，如果一個人說得太多，底下的聽眾就會叫嚷，讓說話的人趕緊停止。還有一個民族，如果有人要說話，就必須單腳站立，一旦抬起的腳落地，這個人就必須停止自己的演說。

由此可見，不論是偉大的聖賢，還是落後的原始人，都不喜歡冗長沉悶的敘述，要是不懂得如何簡單扼要地表達自己的觀點，都會讓別人感到無聊和厭煩。

那麼，究竟怎樣說話才不會讓人感到厭煩呢？這裡可以為大家舉幾個例子：《聖經》中有一篇〈山上寶訓〉，是耶穌對眾弟子講的，這篇演說詞只需短短幾分鐘就可以讀完，被千千萬萬的基督徒奉為經典。

西元 1863 年 11 月 19 日，美國總統林肯為了紀念在蓋茨堡之役中陣亡的將士發表了一篇演說，演講總共不到三分鐘，但它思想之深刻，行文之嚴謹，語言之洗鍊，都堪稱經典。

為什麼我們總是不能讓自己的演說表達得清楚明白一些呢？就是因為我們總想在有限的時間內，把演講的範圍無限擴大。這時，我們已經不是在進行演說，而是在試驗自己能說多久的話了。

那麼，我們應該如何讓自己的話變得簡單扼要呢？要知道，高超的演講藝術需要靠著不斷地練習慢慢培養。在練習的過程中，既要嚴格限制自己的演講時間，又要飛快地運轉大腦，竭力搜尋可以完整表達自己意思的詞彙，並且在眨眼之間把這些珍珠般的詞彙穿成一串美麗的項鍊。當然，這項工作有很大的難度，所以才需要我們進行長期刻苦的訓練，只要堅持、不斷的練習，就一定能讓你的演講變得言簡意賅。

## 21. 做點有意義的事

你問過你的朋友這種話嗎：今天你做了什麼？明天你要做什麼？這些問題的答案看似平凡，但能把普通的情意引向更高更遠的境界，讓你們的關係更加密切。

然而，很多人都不屑於、不認真地回答這樣的問題，因為他們看到的也僅是平凡。因為答案過於平凡，很容易讓人忽視平凡背後絢麗的色彩。勞碌變得毫無意義，付出也毫無價值。於是，平凡變得空虛，蒼白無力地任由熱情和色彩流失，最後淪為平庸。

該如何回答這些平凡的問題呢？所有答案的最後只在於「是」還是「否」、「做」還是「不做」。回答今天我做了什麼，只需要回答今天我所做的事是否有意義；回答明天我要做什麼，只需要回答明天是選擇做還是選擇不做。選擇做的意義和選擇不做的原因，將會決定你是積極地勞碌還是消極地承受。人生的特點是自由地受到束縛，自由是因為人有選擇的自由，束縛是因為選擇的有限。人生的過程就是一連串選擇的過程，環環相扣，滾滾向前，有去無回。明天會變成今天，今天會變成昨天。而唯一不變的是「是」或「否」的意義與「做」或「不做」的價值。

當我們以束縛為代價換來一個選擇的機會，以放棄為代價獲得一個選擇的結果，那麼，束縛的代價應該是有意義的，獲得的結果應該是有價值的。選擇了一個意味著捨棄了另外一個，這是做選擇的邏輯。這一邏輯告訴我們：選擇一個肯定答案必須要擺脫無數個否定答案帶來的困惑；選擇一個可能的結果必須放棄無數個其他的可能。為了避免「選擇越多，失去越多，後悔越多，痛苦越多」的困境，支持我們每天做出「是」與「否」的選擇、「做」與「不做」的選擇的理由應足夠強大，強大到可以為了自己

的選擇克服任何困難。一位作家曾經說過：「人生中最苦難者，莫過於選擇。」所以，一旦有了一個支持你做出選擇的正確理由，那麼這個正確理由就是一切行動背後的意義和價值，而你的行動也會更加的堅定和執著。平凡的日子就會絢麗多彩。

那麼，選擇背後的正確理由是什麼呢？作家托爾斯泰（Leo Tolstoy）說過：「選擇你所喜歡的，愛你所選擇的。」選擇背後的理由就是你的愛，你的願景，是你一生的追求。每一天，你都用這一個理由回答著「今天我做了什麼？明天我要做什麼？」當你在這個理由的支持下做出了選擇，一連串的選擇在進行排列組合之後的最後結果，就是你人生的目的。

尋找更多信任的理由，是為自己的選擇尋求更多的支持，但是卻忘了選擇的目的和邏輯。選擇是為了有意義地勞碌和有價值地付出，這是我們將選擇付諸行動的支撐。然而，很多人在選擇面前忘記了選擇就是要束縛自由，忘記了選擇的另一面是放棄。途中放棄了多少選擇的機會，機會錯失之後連後悔的餘地都沒有，當發現最後已沒有選擇可選時，又會承受多大的痛苦。這般無措，那般悔恨，以致覺得一切都是碌碌，一切已無意義。

如果你一直做一些沒有意義的事情，那麼你的朋友就會認為你是一個可有可無的人，所以，要做有意義的事情。儘管承受了束縛的選擇會變得黯然無色，但做出這樣的選擇的人並不會因此一直黯然，你會在這一次次平凡的選擇中逐漸變得深邃和厚重，因為這樣的選擇有意義、有價值，是任何行動力都值得依附的。所以，無論人生的途中需要做出多少選擇，都要讓每一個選擇有價值，值得勞碌。這裡面蘊含著一個非常簡單而又普遍的邏輯：選擇你愛的，愛你的選擇。

## 22. 坦率勇敢地說出你的夢想

你問過你的朋友有什麼夢想嗎？他是否迫於生存的壓力，或誘於名利的追求，或苦於身心的疲憊，夢想已如雞肋一樣，食之無味，棄之可惜，甚者連雞肋也不如。然而，沒有了夢想的生活猶如茫茫大海上的沒有了舵手的船隻，不是與彼岸背道而馳，就是被淹沒在大海之中。

佛說一花一世界，一葉一如來，不同的人有不同的夢想，朋友之間需要交流夢想來發現彼此的光芒。

蓋茲小時候家裡很窮，父親是一個收入微薄的馴馬師，家中的收入只夠維持全家的生計和他上學的費用。有一天，老師在課堂上要求學生們把自己的理想寫下來。他在認真思索後，寫了一篇長達 7 頁的作文，詳細描述了自己的理想。他的理想是這樣的：他擁有自己的莊園，在莊園裡飼養牲畜，耕種莊稼，住在他自己設計的、舒適的房子裡……總之，他將自己的未來設計得非常細膩，也非常艱巨。然而，他的作文卻被老師評為不及格，因為老師認為他的夢想不切實際，是無論如何也不能實現的。老師要求他重新寫一個更加實際一些的目標。

他在認真考慮了一個星期之後，將原來的作文原封不動地交了上去。他對老師說：「您可以給我不及格，但我要保留我的夢想。因為如果我沒有了夢想，我的父親也沒有了夢想。」

雖然他的夢想很遙遠，遠到老師認為它是不切實際的，但是他卻並沒有因為被否定而否定自己的夢想。因為他的父親告訴他自己的夢想，父親的夢想就是，無論兒子有什麼夢想，他都會幫他實現。與其說他們是一對親密無間的父子，不如說他們是一對互相扶持的朋友，他們都在為各自的夢想而奮鬥。父親沒有因為力量微弱而放棄，兒子沒有因為沒有足夠的支

持而抱怨。這種不放棄、不抱怨的精神鼓舞著他們堅持了下來，最終得以美夢成真。他寧願不及格也要保留夢想，他的夢想伴隨他一路走了下來。成功後的蓋茲自豪地說：「夢想需要交流和支持，得到認可的夢想是不可剝奪、不可打敗的，這就是我和我的父親成功的原因。」

朋友、親人之間的相互認可，首先要源於對其夢想的支持。有句話說得好：道不同不相為謀。只有讓對方看清了自己的道路，才能得到對方的支持。如果對方不知道你的夢想，不知道你要走向何方，這樣又如何幫助你呢？想和你周圍的人更加親密，向他們暢談你的夢想，同時傾聽他們的夢想。

## 23. 不要害怕說錯了話

很多人都在說完話之後，反覆地問自己有沒有哪些地方說錯了，然而回答他的卻是茫然。因為對錯本就是一念之間。

有的人說話很樂觀、很積極，也有的人說話很悲觀、很消極，但無論是悲觀的人還是樂觀的人，都會有說錯話的時候。悲觀的人想要逃避煩惱，樂觀的人想要解決煩惱。但是，說出去的話如潑出去的水一樣，不要因為說錯了話就耿耿於懷，而要想方設法補救。

通常說錯話有三種情況：第一種是經常說錯話，但是實事求是的那種，一般周圍的人都會習慣，會認為你為人客觀公正，比較老實，沒有什麼問題。第二種情況可能是這個人喜歡開玩笑，但因為不太在行經常說黑色幽默，那麼就要注意以後少說點了。第三種是心氣太高，總覺得自己比別人在行，喜歡爭強好勝，這時就需要改變自己了，要懂得很多東西不是如你所想。

　　說錯了話，不要害怕，說話的藝術是需要鍛鍊的，不能急於求成。我們要總結自己不足的地方，在下次說話的時候注意這些不足的地方，還要善於多向身邊比較活躍的朋友學習，學習他們是怎樣為人處世的。

　　如果是經驗不足、沒有見過很多人，因為膽怯而說錯了話，此時更不能害怕，而要努力克服膽怯，打開說話的局面，慢慢地把自己的思路和大家的融入一起，時間長了，你就變得外向了，再見到人，就知道和什麼人說什麼話題，別人也能和你聊得不錯了！要學著讓自己去迎合別人，鼓勵自己：沒什麼可怕的，說錯了下回改，笨鳥先飛！對自己要有信心，不要自己否定自己！

　　說話小心翼翼當然沒有錯，但不能太過分，否則就會給人木訥的感覺。如果沒有必要委婉、含蓄，可以把話說得直接一點，這樣就可以避免說錯話了。卡內基曾說過，一個成功的管理者，專業知識的作用是百分之十五，而交際能力卻占百分之八十五。然而，現在有不少人不善交際，不會交際，甚至害怕交際，因為他們害怕說錯話。如何克服這個壞毛病，培養自己的交際能力呢？

　　要多參加各種體育活動，特別是能直接與人正面接觸和競爭的活動。不論是棋類還是球類，總是要有兩個以上的人參與才有意義。更重要的是，體育活動不但需要智慧和力量，而且需要膽量。這膽量，正是人際關係所必需的一種要素。經常參加各種體育活動，既有益於身體健康，有益於培養興趣，有益於增進交際能力。一旦愛上體育，就會主動尋找對手，這種尋找，就是交際；合適的對手，往往就是友誼的夥伴。

　　要有意識地訓練說話能力。有人說，說話是社會生活的入場券，這話是很有道理的。交際能力的核心是說話能力，因為交際的最直接形式是

說，不會說，說不好，怎麼交際？會說，說得巧，答得妙，其交際成功的可能性就高。可時常思考模稜兩可的辯論題；也可故意提出一些不正確或片面的觀點，據理反駁；平時話語中的差錯，也不要那麼刻意。平時，也要多參加演講，上課或開會時積極發言。

　　麗莎有一個名叫比恩的朋友。比恩和麗莎非常談得來，在他們談話的時候通常口若懸河，經常是想到什麼就說什麼。但是比恩在進入職場後，半年不和同事說一句話，因為他怕得罪別人，怕別人不喜歡，不過做事卻很用心，後來大家都喜歡他，還主動和他搭話，但他還是沒有放開。麗莎知道這一情況後覺得非常奇怪，問比恩為什麼會這樣。比恩回答說他害怕說錯話，不知道怎樣和相對比較陌生的人溝通。麗莎告訴他，要把他們當做已經熟悉了的朋友來溝通，再注意多為別人想想，想想你說的別人到底愛不愛聽，這樣就好了。後來比恩透過自己努力，越來越開朗，另外因為他知道的東西相當多，為人又謙虛，別人都願意和他做朋友。

　　所以，說錯了話沒有什麼可怕的，因為語言只是一個媒介，最重要的還是如何做人，只要會做人，會為別人著想，即使說錯了話，也能彌補過來。在說話之前，不要害怕，要建立自信，因為只要你為人謙虛，待人和善，沒人會不喜歡與你做朋友。至於能不能口若懸河並不重要，因為真正的交流不是靠口若懸河來實現的，如果不小心說錯了話，要心平氣和地彌補錯誤，別人不會因為一句過錯就否定你的為人。意識到這一點之後，心情就會放鬆下來，與人交流和溝通，需要說的就說，不需要說的也可以不說，否則話太多反而讓人感覺不舒服。

## 24. 懂得珍惜幸福

活著，難免會遇到煩惱。煩惱是什麼呢？

任何人都沒有義務必須對你說「好」，當有人對你說「不好」時，煩惱就產生了。「好」與「不好」的下一步「應該」與「不應該」，在比較「應該」與「不應該」時，就陷入了煩惱之中。人活著會遇到很多應該的事，你應該獨立了，應該找工作了，應該交朋友了，應該結婚了，應該、應該……人活著還要避免很多不應該的事，不應該逃避，不應該妥協。煩惱就是很多「應該」與「不應該」的組合。幸福就是要在煩惱中找到快樂。持久而有意義地找到快樂就是幸福。

要快樂，要幸福，首先要有一顆會感受快樂和幸福的心。在你的內心深處，幸福的感覺是什麼？不同的人有不同的快樂觸覺，幸福也因此有所不同。尼采（Nietzsche）說：幸福就是隨著權力的增加，阻力被克服的那種感覺；英格麗‧褒曼認為幸福是有健康的身體和易忘的記憶；羅素（Bertrand Russell）強調幸福是存在於心靈的寧靜與淡泊；蕭伯納與雨果（Hugo）則認為幸福來自於與他人真正的分享。不同的人的眼裡的幸福是不同，然而幸福的感覺是相同的。

作家托爾斯泰說過，幸福的家庭都是相似的，不幸的家庭各有各的不幸。所有的不幸都是在與幸福比較後，才顯出了不幸，不同的比較也就有了不同的不幸。原來，幸福是需要比較的，這個比較可以是和自己的比較，也可以是和他人的比較。「我餓了，看別人手裡拿著肉包，那他就比我幸福；我冷了，看別人穿了一件大衣，他就比我幸福……」

所以，找到快樂的方法，就是要掌握住自己的慾望。慾望越多，煩惱也越多，為了滿足慾望需要付出的也越多，對快樂的感覺就會更加的遲

鈍。慾望來自兩個方面：自己已經擁有的和自己還沒有擁有的。所以，快樂來自兩個方面：一是珍惜自己所擁有的；二是獲得自己想要的。這是獲得快樂的兩個途徑，而幸福也容易在這兩條道路上找到。

一位名人在自傳中說過：「當你問自己是否幸福時，幸福就離開了你。」當你在思索自己是否幸福的時候，幸福已經悄悄地遠離你了。正如作家艾力·賀佛爾（Eric Hoffer）說過的：思索什麼是幸福，正是許多人不幸的最主要的原因。因為你不知道自己已經擁有了哪些東西，因此也不會珍惜這些東西。獲得自己想要的，算是成功的一種。享受成功的喜悅也是人生中的一種幸福。

只有有了新的感動，心靈才不會蒙上塵埃。如果沒有了「昨日種種，譬如昨日死；今日種種，譬如今日生」的洗滌，在一個慾望滿足之後，就會帶來一個更大的慾望，需要付出更多的努力，當這個慾望滿足之後，征服下一個慾望的決心就更大了，在無止盡的「下一個」之中，已經與初衷背道相馳了，所獲得的東西已不是內心真正需要的東西，豈能獲得快樂？在獲得自己想要的東西的途中，還可能出現這樣的情況：自己想要的東西不是只憑自己的努力就能獲得的，在這種不可得的壓抑下，又能獲得多少快樂呢？自己想要的東西無非就是自己沒有而他人已經擁有的東西，如果對於這些東西的慾望過於強烈，幸福也會因為迫於重壓而結束。生活在這樣的重壓之下，生命會因為扭曲而變形。

無論是幸福還是不幸，因為活著而活著，在活著的一念之間，幸福就從這裡開始了。活著是有慾望的，活著是需要付出努力的。因為慾望的滿足，因為付出的回報，活著總是在做著幸福或不幸的選擇。在獲得快樂的兩個途徑上，在一念之間，幸福從這裡開始了；在一念之間，幸福在這裡結束了。幸福就是慾望在一念之間的微小心理變化。有人說生命其實是一

個圓，走來走去也走不出這個圈，只是有的直徑長，有的直徑短。幸福就是圓周上的點，只要生命是個圓，圓周上所有的點都是幸福開始的地方，所有幸福結束的地方也會是幸福開始的地方。

　　無論是在幸福開始的地方還是在幸福結束的地方，我們的手中都是握有福報的，如果我們能保持感恩，我們就能獲得快樂幸福。很不幸的是，很多人都能輕易地發現我們沒有的東西，而在發現我們已有的東西時則比較遲鈍。有時候我們需要體會失敗才能懂得珍惜我們所擁有的，所以獲得並不是理所當然的事情。看看你擁有的東西，你會有很多感到幸福的理由。

## 25. 練就審時度勢發言的工夫

　　民間有這樣一句諺語：「日暈三更雨，月暈午時風。」見微知著能夠幫助我們在說話之前獲得有用的訊息。

　　怎樣才能透過觀察來為自己準備足夠的本錢？如果細心的農夫發現屋子裡的石柱上有水滲出，那麼他絕不會在之後的幾天晒糧食。如果粗心的農夫沒有發現這一點，他就有可能要承擔糧食被雨水淋溼的風險。可見細心程度不同，面臨的結果也會大有不同。粗心者，眼前之事入不了心底，聞過即忘；細心者，事無巨細皆過眼進心。粗心者，不會思索前因後果；細心者，善於追本逐源。粗心者，會得過且過；細心者會未雨綢繆。粗心的人不是天生的，細心的人也不是天生的。細心的人，能從相同或不同的現象中認清本質，得到啟發；而粗心的人，現象仍然是現象，不同仍然是不同，相同也僅僅是相同。所以，細心的人和粗心的人的最大不同就是是否看清了現象的本質，並從中得到有益的啟發。

　　看清現象的本質並不是一件簡單的事。如果不是長時間地觀察、總結，誰又能無中生有地說「日暈三更雨，月暈午時風」呢？很明顯，經驗與看清一種現象的本質的難易程度有關，但經驗又不能完全說明問題，有垂髫老者，雖歷經千帆仍無法看清現象的問題所在；有夜郎自大者，只憑一次經驗做出了荒謬決定；有舉棋不定者，即使經驗告訴他，他已經撥開迷霧，看到本質了，但他沒自信。諸多原因之下，能夠一針見血地指出事物的本質，並未雨綢繆地做出決策的人實在不多。所以，要能使一切表象散盡，除了經驗，還需要一種敏銳的觀察能力。

　　收集資訊是說話的前提，獲得資訊的多少決定於觀察力的敏銳程度。觀察力強的人才能從眾多現象之中獲得有用資訊，這樣才能幫助我們說好第一句話。

　　那麼，如何才能獲得敏銳的觀察能力呢？任何一種現象都能用一種最本質的東西來解釋。一個小人，無論掩飾得多好，總會在一些細枝末節上露出破綻。君子不需要說自己是君子也能獲得人們的認可。那麼，如何抓住這些最本質的東西呢？

　　太陽和月亮夠常見了吧，但是人們透過對其觀察，總結出了天氣變化的規律，所以，要鍛鍊觀察力，應從身邊的事物、所處的環境、人的特點著手。比如：家裡的桌子的位置是否有了輕微變化、你的同事是單眼皮還是雙眼皮、上班的路是不是比昨天擁擠了一些、餐廳見的某個陌生人是個左撇子、周圍的人的表情、穿著等等。

　　觀察是一種用心的行為，而非隨便地「看」。觀察一個樓梯，你可以算它的階梯數、高低，如果只是普通的看，那麼在你的意識中，它永遠只是一個樓梯，你永遠不會正視這段樓梯的高度，而這個高度在關鍵的時候

會非常有用。

如果，你獲得了敏銳的觀察力，那麼在事件來臨的時候，你會清楚知道正在發生什麼，邊看邊想地看著事情如何發展，疏而不漏地等待所有細節降臨，最後將一切盡收眼底，統視全局，做出最有利的決策。

獲得資訊的方法很多，但最直接、最有效的方法就是觀察，觀察得夠準、夠快才能幫助你做出正確的決策，說好第一句話。

## 26. 雪中送炭無祈盼

當一個人在生活中遇到挫折的時候最渴望的是什麼呢？當然是一雙雪中送炭的友誼之手。而這個雪中送炭的人也會收穫到很多不易獲得的東西。

在失敗之後的落井下石可能是壓死駱駝的最後一根稻草，而失敗之後的雪中送炭卻一定是賦予了救命機會的稻草。

俗話說：晴天留「人情」，雨天好「借傘」。感情是人與人之間交流的基礎，而人情是拉近感情的有利元素。當一個人有恩於他人時，他人會想方設法地回報這份人情，這種感情能夠影響他人做原本不想做，或者不喜歡做的事。

在現代社會複雜的人際關係中，人情也是為你塑造形象的祕密武器，人情是你升遷的橋梁，人情是你駕馭他人的法寶。這就是人情帶來的影響力。為什麼人情能夠發揮如此重要的作用？這是因為人情可以使人在負債心理的影響下，產生感激之情，這種感激之情是人們願意為某個人或事物無償付出的基礎。所以，如果想讓他人為自己服務，就要學會利用「人情」有效地影響對方。

　　《淮南子・人間訓》中說：「積愛成福，積怨成禍。」無論處於何種環境中，該幫助他人時，伸手助人都會積愛成福。無論對你的朋友還是敵人，都要學會寬容大度，做到得饒人處且饒人。對於身處困境的人，如果在你能力允許的範圍之內，能夠給予對方適時適當的幫助，都將具有雪中送炭的功效，而這功效無關幫助的多少，或許只是一句簡單的安慰，也許就為你帶來了終身的福報。因為於對方而言，你的舉動也許會讓其永生難忘。這樣當你有求於對方時，對方便會心甘情願地幫助你，在你的雨天裡，為你撐起一把傘。

　　眾所周知，關羽在華容道放走了曹操。關羽是忠於蜀國的，為何會在如此重要的戰場上，放走日後有可能滅掉蜀國，並可能殺死自己的曹操？原因可能就是在建安五年時，曹操親自征討劉備，在其攻陷下邳，打敗了關羽，鑒於關羽智勇雙全，試圖勸其歸降於自己。於是，曹操拜關羽為偏將軍，封漢壽亭侯，並且給予了無微不至的照顧。後來關羽斬殺顏良後逃離了曹操，曹操手下打算追趕，曹操勸阻說：「彼各為其主，勿追也。」正因為曹操先前對關羽的「至仁至義」，所以一向視義氣為生命的關羽在關鍵時刻放走曹操也是在情理之中了。

　　曹操在其有權有勢的時候，曾施恩於關羽，這雖然不是雪中送炭，但這其中的「人情」卻是不可抹殺的。因此當其在華容道落難後，要求關羽要知恩圖報。關羽雖然猶豫不決，但最後還是念在「人情」的份上，放走了曹操。

　　人與人之間的「人情」是非常微妙且有規律的，當有人覺得虧欠你「人情」時，會在負債心理的影響下，想方設法地將「人情」還給你。此時，如果你有求於對方，那麼對方會很樂於接受你的請求。正如錦上添花不如雪中送炭一樣，人情的影響力也有一定的時機，在他人危難之際，你

一分關心比平日十分關心的影響力都大。

在雪中送炭的時候，不僅要懂得選擇時機，而且還要注重方式。比如在送「人情」的過程中，應該把對方的利益放在明處，而不能把自己的利益放在明處，自己的利益是要放在暗處的，這樣可以在獲得對方人情的時候達到自己的目的。如果在幫助別人的時候表現得過於在意自己的利益，那麼留給別人的印象就是「有目的」、「太功利」，很難讓人感激或形成負債心理。另外，在送人情的時候還要權衡利弊，千萬不能犯了越幫越忙的大忌。

## 27. 勇於用沙子換金子

沙子換金子，你換嗎？不是傻子的人都希望能夠用沙子換金子，因為金子的價值要遠遠大於沙子。但是用金子換沙子卻並不一定「賠本」。

市場經濟都遵循等價交換，像沙子換金子這樣的不等價交換可能嗎？在人際關係中，人們都希望自己付出得少而別人回報得多，因為人都存在自私的心理。但心理學還是認為，互惠性（Reciprocity）能夠引發不等價交換，因為人們習慣於對他人的某種行為，以一種類似的行為去回報對方。由於回報的方式很多，所以回報對方的方式也有靈活性，如果回報的方式是對方最想得到的，那麼對對方而言，他的付出就產生了最大利益。也就是說，從需求的角度講，沙子的價值與金子的價值是一樣的，所以價值不同是不違背等價交換的。因為，用金子換沙子後，你的形象就變得高大了。

歌德（Goethe）曾說過：「你若要喜愛你自己的價值，你就得為世界創造價值。」換一種說法就是，如果你想讓他人按照你的意圖辦事，首先你

要為對方做點什麼。哲學家將這種相互間的作用稱為因果關係，而心理學則將這種人際關係之間的相互滿足稱為互惠性。根據互惠性，人與人之間的感情是可以相互交換的，這種交換甚至可以是不等價的。在通常情況下，誰先施人以恩惠，誰就越能夠從這種交換過程中受益，這些人往往能夠透過「沙子」般的恩惠，有效地影響他人為自己服務，最終獲得他人的信賴，得到了「金子」般的回報，進而實現自己的目的。

雖然說互惠性能夠使「沙子」帶來「金子」般的價值，但無論是「沙子」還是「金子」，他們都是有價值的，所以，利益始終是獲得人心的基礎。

英國著名經濟學家約翰‧史都華‧密爾（John Stuart Mill）曾說過，按自己的方式去追求利潤，而不是蓄意去侵犯他人利益或阻礙他人獲得利益，這才是智者的做法。在通常情況下，先付出的你會得到「沙子」變「金子」的驚喜，這便是因為獲得了「人心」而實現的不等價交換。但正如約翰‧史都華‧密爾說的一樣，這樣的原則並不是損害他人利益的奸詐伎倆，而是一種實現自我目的的正確方式，就像付出和收穫成正比一樣再平常不過了。

## 28. 用心維護你的人脈網

在繁忙的生活中，人們極易捲入瑣事之中以致沒有時間建立和維護關係，長期下來，生活中的人際關係就會枯竭，就像一棵沒有人澆水的櫻桃樹一樣枯萎、死亡，再也不能結出豐滿美味的果實。這不僅會影響我們的生活，甚至會影響我們的人生。關係網是要花時間去發展的。如果你能夠用心建立和維護你的關係網，你和關係網將會成長、繁榮，結出果實，這個果實是你用心的必然結果，還會讓人覺得你是一個值得結交的人。

　　想建立和發展你的關係網就要與人建立密切的連結。上帝偏愛有準備的人，你需要有一種對別人感興趣的心理，有一種幫助別人同時也幫助你自己的願望。如果你對別人有興趣，你就會自然地詢問一些關於他們的身體、工作、家庭的情況，詢問之後就能知道你能夠在哪些方面為他們提供幫助。生活不可能是一帆風順的，當你發現可以提供幫助的時候，就要把握好這個機會。透過你對他們的了解，知道他們的需求和慾望，進而提供你能力所及的幫助。

　　約翰是一名保險顧問，他和他的朋友喬交談時得知喬正打算為他的孩子準備教育基金。約翰還算了解一些金融知識，但他不能保證能夠完全幫得上忙，他也沒有因此放棄這個機會，他向喬介紹一位曾經幫助過自己的可以信賴的金融顧問。其實，幫忙有時候只是一句話的事情，就看你有沒有這個意願。一句話的幫助可以展現在很多方面，例如分享你的專業知識、分享有價值的資訊、推薦一些書或課程、說一些鼓勵的話。

　　假如你是一個公關經理，你的任務是促進一些人與另外一些人聯繫、促進一些人與資訊和其他資源的連結。這時你就可以利用你的關係網了，分析一下你認識的人，他或許就可以提供幫助。

　　想維護你的關係網，你還需要多收集一些有用的資訊，這些資訊對你而言可能是沒用的，但對有需要的人用處就很大。所以，無論你遇到什麼資訊，思考一下在你的關係網中誰會認為它有用。

　　收集資訊就像日行一善一樣，應該作為對生活的一種禮貌態度。人們都會記住鼓勵的話，你送的卡片或你在他背上的輕拍。這類事情都有助於建立你的關係網。每天都有行善和禮貌的人才能走得更遠，正是這種小事使人與人之間產生了極大區別：有的人受人歡迎，有的人令人厭惡。

除了提供幫助，在關係網中尋求幫助也是維護關係網的一種方法，因為關係網需要相互的受益關係。所以，讓人知道你需要什麼，你想要得到什麼，以及你需要什麼樣的幫助和支持，會讓人覺得你離他們越來越近。

當你需要幫助的時候，不要覺得羞澀。你的朋友通常也願意幫助你，他們願意做出貢獻。事實上，當他們的能力幫助到你時，他們會感到高興或榮耀。人有時會有一種盲目的自信，在遇到困難的時候有這樣的想法：「我自己就能把這件事搞定。」但沒有人是孤島。我們都是相互依賴的，沒有一個人全知全能。

當你需要幫助的時候，不妨試試這些方法：果斷地說出你想要的或你需要的，例如：「您可以推薦我幾間好的印刷廠嗎？」、「我需要僱用一個祕書。您知道誰能勝任嗎？」、「你知道什麼人可能對我們的服務感興趣嗎？」等等。

如果只是問，你不一定知道你能得到什麼。但有一點可以肯定：如果你不問，那將一直沒有答案。如果你什麼都不敢問，那就什麼事也辦不了。

無論是提供幫助還是尋求幫助，只要用心都能維護好你的關係網，能夠讓你更好地認識周圍的人，也讓周圍的人更好地認識你。

 第二章　修練自身好形象

# 第三章
## 左右逢源好技巧

在說話的時候，語言的技巧是非常重要的，它能讓你事半功倍，甚至能扭轉乾坤。語言交流是有技巧的，尤其是運用在適當的環境裡。

人們都希望給人一個良好的印象，在求職、社交中，交談時掌握語言的技巧，能使語言的深度、廣度、趣味性讓對方留下深刻的印象。在心理學上的「初始效應」（Primary Effect）中，雖然外貌、衣著等占據一定的地位，但主要是語言或文字的影響較大。語言技巧高超的人，哪怕是一句諷刺或罵人的話，對方並不反感。如果讚揚時運用不當則與罵人無異！

不要小看語言技巧，每個人每天都要說話，沒有技巧的文字令人淡寡無味，不僅使人不受歡迎，落得不合群、孤家寡人的罪名，甚至鬱鬱寡歡、潦倒一生！所以，掌握一些能夠左右逢源的語言技巧必將受益終生。

## 1. 第一句話決定溝通的效果

我們都有過這樣的感覺：與陌生人交談的時候，總是不知道如何開口；在演講的時候，總是不知道如何把聽眾的注意力集中到你身上。有的人認為，只要自己說好第一句話，接下來就可以盡情發揮了。可事實上，就是這無論如何也說不好的第一句話使你無法發揮。這第一句話，就好比一座大山，擋在你面前，使你與很多機會擦肩而過。

說「第一句話」，就像挖井一樣，只有位置找對、力道適宜，話題才能像水一樣源源不斷地湧出來。如果位置找錯了，就算你有大力士那樣的力量，也無濟於事。

那麼，我們該如何說好第一句話呢？

當你與陌生人初次見面的時候，你一定要主動上前問候，盡可能用恭敬的語氣表達出你的真誠和熱情。記住，在與陌生人初次交談時，千萬不

要顯得拘束、忸怩和做作，一定要泰然自若，展現自己的風度。另外，在交談時你一定要注意，讚揚對方是最重要的，沒有人喜歡被陌生人批評。你一定要從對方身上尋找優點並大加讚揚 —— 但要注意不要太過虛假，這樣才能讓對方樂於與你交流。

對於任何人來說，在交談時找到話題的「切入點」都是至關重要的。這個「切入點」，就是彼此之間共同的感情觸發點，能夠引起共鳴。兩個未曾謀面的人在第一次接觸時，在感情上必然會有一段距離，但是只要有共鳴，雙方的距離就會被拉近。比如說，你在社交場合遇到了一位女性，你想跟她多聊幾句，可是不知道從哪裡開始。遇到這種情況你該怎麼辦呢？尋找話題的辦法有很多種，你可以問問她的職業、愛好甚至家鄉等，其中一些資訊很有可能是你所知道或是感興趣的。如果你曾經到過她的家鄉，或是聽別人提起過，你就可以談談那裡的食物；如果她所從事的職業與你的工作有關聯，就可以探討工作問題了。

在與人交流方面，上面這幾點是有效的方法。可是，很多人都有這樣的問題：與熟人聊天可以侃侃而談，可是一遇到陌生人就緊張得不得了，說話結結巴巴、語無倫次，這無疑是交談的大忌。對此，你應該保持平常心態，不要被對方的身分、地位所嚇到，一定要相信自己有能力與任何人交流。只有信心十足，你才能消除緊張情緒，輕輕鬆鬆地展現自己。

我們一定要記住：信心是根本，方法是枝葉。信心能讓你勇敢地打開雙方之間的隔閡，好的方法可以為你錦上添花，使你與他人的交流更加完美無瑕。

## 2. 不知不覺談起共同話題

在與陌生人交談時，有無共同語言至關重要，這不但關係到你能否維持與對方的談話，還會影響你們之間交談的品質。誰都知道，尋找共同話題是兩個人交談的第一步，也是非常重要的一步，可是有些人就是搞不清楚該如何尋找共同話題，因而在與陌生人交談的時候感到十分茫然。

那麼，我們該如何尋找共同話題呢？

最常見，也最直接的方法是透過察言觀色來探尋對方的特點。一個人的性格、習慣等總是或多或少地透過外在的語言、表情、服飾表現出來，你只要注意觀察這些要素，就很容易找到你們之間的共同話題。

在火車上，一位管理學教授看到一位學生模樣的人正在翻閱書籍，於是這位教授就主動搭話：「你就讀什麼科系啊？」那個學生答道：「我是學工商管理的。」教授高興地說：「我和你學的一樣。你是哪所大學的？」

就這樣，教授從學生讀書的行為當中找到了共同話題，最終使二人越談越投機。

值得注意的是，我們透過察言觀色可以了解對方的習慣、職業或愛好，但是我們一定要把對方的某種特性與自己連結起來，這樣才能找到共同語言。假如這位教授看到學生讀的是自己不感興趣的建築學書籍，他就不會從科系入手與對方交談了。

如果你並沒有找到共同話題，你也可以透過簡單的問話來「偵查」你們之間的共同點。比如說，你在酒吧喝酒時，旁邊坐著一個年輕人，想跟他搭話，可以從酒入手。你可以這樣問：「嗨！你喝的是什麼？」他回答：「雲嶺的冰酒。」你可以說：「哦，冰酒！在加拿大酒當中，只有這種酒堪稱一流！我非常喜歡。」有了對酒的共同興趣，你就可以進一步與他交流

了，比如問問他從事什麼職業、家住哪裡、有何興趣愛好等，一般來說，你肯定會找到一些共同的話題，就可以借題發揮，與對方交流了。

如果上述兩種方法都不奏效，你還可以傾聽他與別人的談話，如果他們談論的話題正是你關注的，你就可以加入話題，打開與對方交談的大門。

除了直接從陌生人身上尋找共同話題以外，你還可以透過第三者的介紹來了解對方，從而找到你們之間的共同點。

一天，菲爾普斯到朋友傑克家裡做客，傑克的老同學凱恩正好也在那裡。菲爾普斯和凱恩原本不認識，可是既然兩人都是傑克的好友，傑克自然會為兩人互相介紹。在過程中，菲爾普斯得知凱恩是從事圖書出版的，而自己是從事圖書企劃工作的，如此便找到了兩人之間職業的共同點，就這樣，原本互不相識的兩個人成了好朋友，並一直保持著聯繫。

其實，這種情況十分普遍，因為每個人都有一定的關係網，當兩個完全陌生的人由於一個共同的熟人結識時，這個熟人必然對雙方進行介紹，而這陌生的雙方就是透過共同的熟人來互相了解、加強溝通的。

透過以上幾種方法，你就可以比較輕鬆地與陌生人進行溝通了。隨著認識的深入，你會發現你們之間存在更多的共同點，於是，你們之間的話題也就越來越多，關係也就變得越來越密切了。

## 3. 找好時機開口最重要

一個人所從事的任何活動，都是與時間、空間分不開的，說話也是一樣。有時候，你覺得自己說得很好，可是因為時機不當，導致你所說的話達不到預期效果。

這種情況並不少見，很多人都有過這樣的經歷。

比如說，有些人一張嘴就滔滔不絕地和別人談天說地，使別人對他立刻產生幾分仰慕之情。可是，這樣的人往往會在不必要的場合把自己想說的話一口氣說完，等到了真正需要他講話的時候，他的肚子裡就沒有多少「庫存」了。

再比如說，很多人喜歡談論時事。如果在事件剛剛發生後就開始進行評論，別人會認為他消息靈通、視角敏銳，可是，當一件新聞過了很久成為「舊聞」再去談論，別人就會不屑一顧了。

由此看來，在社會生活當中，能否掌握說話的時機是衡量一個人辦事能力的重要因素，如果在適當的時間說出適當的話，結果自然會令人滿意。然而實際情況卻是，很多人都犯有上述情況的毛病，使得自己的語言總是達不到預期的效果，從而在人生的路上節節敗退。

不過話又說回來，恰當地掌握說話的時機並不是一件遙不可及的事情。一個真正善於用語言表達自己的人，能夠相當準確地抓住聽眾所關心的話題，在此基礎上就可以把對方知道的東西生動地表達出來。具備這種能力的人，即使在受到阻礙的時候也依然能夠轉危為安，使自己在人生的路上無往不利。

那麼，我們該怎樣做才能掌握好說話的時機呢？

我們首先應該在大腦裡建立這樣的觀念：一個人所做的任何事情都要受外界環境 —— 包括時間、空間 —— 的影響。有了這樣的觀念，你就會明白，你的言語是受外界條件制約的，你只有先掌握好時機，然後才能確定自己該說什麼以及怎麼說。所以，在開口之前，你應該以一名觀察者的姿態融入周圍環境，看看周圍的人正在說什麼、做什麼，以及他們將要做什麼。

在看清他人的行為之後，還要去揣摩談話對象的心理。一個社交高手，可以根據他人的言行來猜測對方在想什麼，這樣才能讓自己所說的話切合對方的心理。比如說，你在午後找人辦事，儘管對方和你關係很好，可是畢竟是午後，而且人家還有午休的習慣，你如果冒冒失失地把自己的事說給人家聽，人家多少會有些反感。正確的做法是，在說正事以前，你先透過簡單的交流來了解一下對方，看看人家是否願意幫你，這樣一來，你再求他辦事就會容易許多。

有些時候，你要說的話可能會受多重因素影響，比如談話對象、社會環境等，這時你所需要考慮的問題也就多了。在人與人交往的過程中，掌握說話的時機是非常重要的，我們只有勤於觀察、善於揣摩，才能找好說話的最佳時機，從而為自己贏得勝利。

## 4. 讚美他人有技巧

任何人都是需要讚美的，這是人與人之間和諧相處的必備條件。可是，並非所有讚美都能讓你博得他人的好感，有時候讚美不當，反而有損你在他人心目當中的形象。

讚美別人是一件好事，但絕非易事。只有掌握一定的技巧，你才能在社交活動中無往不利。

假如你在社交場合遇到了一位相貌平凡的小姐，你對她說：「哦，你是我所見過的最美麗動人的小姐了！」對方不但不會感謝你的誇獎，相反還會認為你這是在故意嘲諷她。

這種情況是十分常見的，對此我們該怎麼做呢？難道不去讚美對方嗎？當然不能！既然她的相貌沒有特別出眾，你就應該從她身上尋找其他

優點，比如服飾、語言、舉止等等，總會有一樣值得你稱讚。比如說你發現她的談吐相當文雅，你就可以稱讚他有修養、有品味。這樣，你既讚美了她，同時又避開了她的缺點，她一定會高興的。

人與人的性格、經歷都是不同的，所以讚美他人還要因人而異。

你在與年輕人互動的時候，一定要讚美他們青春、活潑的一面，甚至可以稍微有些誇張地讚揚他們的創新精神。你還可以用一、兩個事實來證明他們擁有美好的未來，如果他們喜歡研究些稀奇古怪的東西，你可以說他們將來很有可能成為某一領域裡的菁英；如果他們曾屢次在失敗中重新站起來，你可以讚美他們百折不撓的意志，並告訴他們，這種意志是任何一個成大事者所必備的特質。

如果你與老年人互動，你應該「幫助」他對他一生所走過的路進行回顧。老年人總喜歡回顧以往的經歷，更喜歡別人對他的經歷加以讚美。人家年輕的時候可能是政界名流、商界巨擘。你滿懷敬意地讚美他的過去，他必然會對你產生好感。

此外，你還應該根據對方的職業來選擇讚美的角度。對於學者，你可以說他知識淵博；對於商人，你可以說他精明能幹；對於運動員，你可以稱讚他健美的體魄……總之，對於不同的人，你要選擇恰當的方式去讚美，這樣才能達到「對症下藥」的目的。

有時候，你的談話對象在某一領域內已經非常有名，如果你繼續從職業方面去讚美他，可能和別人對他的評價重複，他本人也不會有太深的印象。遇到這種情況，你可以另闢蹊徑，從一些「旁門左道」巧妙地讚美他。比如說你要讚美一位著名的物理學家，你不必拘泥於他的職業，而是可以讚美一下他教育子女的方法、他的業餘愛好等，這樣的讚美會給人耳

目一新的感覺，你在對方心中的地位也會有所提升。

在讚美他人的時候，還要注意一點，那就是要詳細具體。很多人在讚美別人的時候總是說一些空話，比如「你氣質真好」、「你的業績很出色」、「你有過人的領導才能」之類。這些空泛而漂浮的話用在誰身上都可以，所指對象不是很具體，因而常常會讓對方認為你這完全是在應付。正確的做法是盡可能地選擇具體的事物，比如對方說話時的語氣、身上的一個飾品等。只有這樣，對方才會認為你對他的觀察細膩入微、你的讚美句句屬實，從而對你產生深刻的印象。

順帶一提，有的時候，你對陷入困境之中的人由衷地讚美幾句，更容易得到對方的尊重。因為這些人平時得不到別人的讚美，他們往往會有自卑心理。你在對方最需要安慰的時候讚美幾句，他一定會記住你的！

總之，人人都需要他人的讚美，人人都需要讚美他人，只有掌握了讚美的技巧，才能讓我們的人際關係更加和諧。

## 5. 實話實說的技巧

我們知道，有時候實話比假話更不容易接受，因為假話總是美麗的，而實話卻像帶有稜角的石頭，很容易傷人。但是，很多人為了堅持自己的原則，還是不能把假的當成真的來說。為此，一些人感到很困惑。說實話吧，會給自己帶來不必要的麻煩；可是說假話呢，又違背自己的良知。就這樣，很多人徘徊在二者之間，實在難以決斷。

其實，說實話並不一定會遭來別人的白眼甚至謾罵，在於你怎麼說。

我們在生活中會經常看到這樣的情況：同一個意思的話，某些人說出來就會遭人厭惡，而某些人說出來則會使人無比愜意。這是為什麼呢？答

案就在於，說實話是有技巧的，只有掌握了這種技巧，才能讓原本不招人喜歡的實話變得更加動聽。

實話巧說，在日常當中經常用到，尤其是在商場上，顯得尤為重要。

有一位業務員在街頭向行人宣傳殺蟲劑，他說得天花亂墜，周圍很快就聚集了一大群顧客。這些顧客懷疑產品的功能，因此只是站著聽他講，卻沒有人購買。這時，一位顧客突然提出了一個問題：「你能保證這種殺蟲劑能殺死家庭常見的所有害蟲嗎？」

面對這一直接而又敏銳的提問，一般的業務可能會說：「當然可以！」或許顧客們聽信了他的話以後會紛紛購買。但是，誰也不能保證殺蟲劑可以消滅所有害蟲，如果顧客事後發現產品與說法不符，他們極有可能會四處宣傳「某某牌子的產品不實用」，這樣一來，企業的信譽就會受損。

如果誠實說：「我也不敢保證它會消滅所有害蟲。」那麼，顧客根本不會對他的產品感興趣，也許他一件產品也賣不出去。

面對這種困境，這位業務表現出了過人的智慧。他機智地回答道：「我可不敢保證。在你沒噴藥的地方，害蟲照樣可以生存。」他這句話的意思是，害蟲是活動的，牠們只有接觸到殺蟲劑才有可能被消滅，可是人不可能把殺蟲劑直接灌到每一隻害蟲的肚子裡，所以沒辦法保證消滅所有害蟲。他把這個意思用一種極為巧妙的說法表達了出來，使顧客非常愉快地接受了他的宣傳，於是他賣掉了很多殺蟲劑。

可見，同樣的話有很多種不同的說法，實話也是一樣。在人際交往過程中，如果一句實話會給你或其他人帶來負面影響，而你又不得不把意思表達出來，你就需要動腦，用一種巧妙的方法來表達同一個意思，這樣才能使你左右逢源，被其他人認可。

## *6.* 學會讓對方說「是」

在與人交往的時候，我們總是希望別人能夠接受自己的想法。不過，在說服對方之前，我們首先要讓對方的生理和心理都處在易於接受外界影響的狀態下。

奧維斯特里特 (Harry Allen Overstreet) 在《影響人類行為》(*Influencing Human Behavior*) 一書中指出：「一個『不』字的反應，是最難克服的。當一個人說出『不』字以後，為了個人的尊嚴，他不得不堅持到底。也許他事後會覺得自己說出『不』字是錯誤的，但是他必須要考慮自己的尊嚴，他所說的每一句話都要堅持到底。因此，人在最開始的時候就要往正面走，這一點非常重要。」

當一個人說「不」字的時候，他的心裡也會產生拒絕外界影響的意念，他身體的各個器官、神經、腺體和肌肉就會產生某種反應，從而構成一個拒絕的狀態。相反，當一個人回答「是」的時候，他的身體會呈現出一種開放的狀態。因此，在談話過程中，如果我們能夠使對方更多地說「是」而不是說「不」，那麼我們就有更多的機會讓對方接受我們的意見。

人們在說服別人的時候，總是一開口就把自己的想法強加於人，用盡一切辦法消除對方的異議。可是很多時候，這樣做只能適得其反。我們要讓對方自覺地對我們的問題給出肯定回答，才能從心理上拉近與對方之間的距離，這樣才能實現自己的目標。

## *7.* 學會用「教材」來說服別人

如果我們身邊的人犯了錯誤卻不知悔改，我們有責任去勸導他們，幫助他們改正。可是，有一些人聽不進別人的勸告，他們總是覺得你的話沒

有說服力，因而不論你怎樣勸說，他們都無動於衷。如果你的語氣過於強硬，對方還會對你產生厭惡，結果自然得不償失。

類似的情況，我們在日常生活中經常遇到。比如說，你的一位朋友非常喜歡喝濃咖啡，而且每天至少要喝 5 杯。你擔心他過度飲用會影響身體健康，於是就用一些醫學常識來勸說他。可是，他根本聽不進你的話，還反駁說：「我的這個習慣已經保持很多年了，可我的身體依然很好，再說，咖啡可是世界三大飲料之一，要是有害早就沒人喝它了！」

在勸說無效的情況下你會怎麼辦呢？是繼續從科學的角度來說服他嗎？就算你真的這麼做了，對方也不一定會聽你的話，相反，還會認為你迂腐、不明事理、遭人討厭。這樣一來，勸他沒勸成，你的形象反倒受了影響。

面對這類問題，你可以嘗試用「教材」來說服對方。

這裡所說的「教材」當然不是學校課本，而是一些例子，藉此，你往往可以很輕鬆地讓對方看清楚自己該做什麼、不該做什麼。

還是這個喝咖啡的問題，如果你勸說無效，你可以找個合適的時間跟你的朋友談談別的，在談話過程中，你運用一定的技巧把話題扯到某人身上，說他是怎樣工作和生活的。在此過程中，你就可以順理成章地提及他喝咖啡的習慣，並指出他的死亡與長期大量喝咖啡密不可分。聽了這樣活生生的例子，你的朋友一定不想重蹈覆轍，會自覺地減少喝咖啡的數量。

如果這種方法運用得當，你甚至可以省去說教，直接把「教材」拿過來，讓對方自己慢慢體會。

眾所周知，美國的《獨立宣言》（*United States Declaration of Independence*）是由傑佛遜（Thomas Jefferson）起草的。說起這件事，其中還有一

段鮮為人知的插曲。

當時，富蘭克林（Benjamin Franklin）是起草文件的負責人，同時也是傑佛遜的好友。他非常了解傑佛遜的性情，知道他有些自負，不聽別人的意見，可是，《獨立宣言》的草稿又必須要加以修改，怎麼辦呢？

富蘭克林並沒有直接對傑佛遜說出自己的想法，而是對他講了一個故事：

有個名叫約翰·湯姆森的人開了家帽店，他擬了一塊招牌，上面寫著「約翰·湯姆森帽店，製作和現金出售各種樣式的禮帽」，招牌下面還畫了一頂非常漂亮的帽子。

他的一位朋友看見了，覺得「帽店」一詞與「出售各種樣式的禮帽」意思重複，應該刪去。

另一位朋友認為，「製作」一詞應該刪去，因為約翰·湯姆森並非製帽名家，人們只會注意帽子的樣式而不會關心是誰做的。

又有一位朋友認為，「現金」一詞純屬多餘，因為到商店購物通常都是用現金支付的。

這樣一來，招牌上的字只剩下「約翰·湯姆森，出售各種樣式的禮帽」和下面的圖案了。

可是，還有一位朋友覺得不妥，他認為帽子不會白送，沒有必要加上「出售」，而且「各種樣式的禮帽」與圖案也有重複，完全可以省略。

就這樣，招牌上只剩下「約翰·湯姆森」和帽子的圖案，這塊招牌也變得更加醒目，約翰非常感激朋友們所提的寶貴意見。

聽了這個故事以後，聰明的傑佛遜立刻感覺到，一篇稿子需要大家的評判才能越改越好，於是，他開始廣泛聽取大家的意見，終於完成了這篇

美國歷史上最為重要的文書。

　　富蘭克林只是很輕鬆地講了一個故事，就達到了說服傑佛遜的目的。假如他當初沒有這樣做，而是直言相勸，說這篇稿子需要修改，那麼，即使他把傑佛遜說服了，也會消耗很大的精力，甚至會使二人的關係出現裂痕。

　　可見，運用「教材」來說服別人是一種既省力又安全的方法，當你遇到那些不聽說服的人時，不妨試一下，你也許會有很多意想不到的收穫。

## 8. 「幫助」對方犯錯誤

　　看了這個標題你一定覺得很奇怪：別人犯了錯誤，我們如果不指正就已經不對了，怎麼還能支持他們繼續犯錯呢？

　　先別著急，這裡的「幫助」並不是真正意義上的幫助，而是說，當對方犯錯誤的時候，我們可以表面上支持他的做法，並且按照他的做法往下推理，最後得出一個無比荒謬的結論。這時，你就算不說什麼，對方也會知道自己的做法是錯誤的。

　　中國的東周時期，諸侯林立，楚國就是其中之一。到了楚莊王在位的時候，楚國已經成為諸侯國中最為強大的一個。

　　楚莊王非常喜歡馬，整天用上等的棗子餵養牠們。後來，其中一匹馬因為過於肥胖而死去，楚莊王悲痛欲絕，於是要為這匹馬舉行隆重的葬禮，並且要用當時最高級別官員——大夫的標準來安葬。

　　當時很多大臣都勸楚莊王不要這麼做，可是他根本不聽，他還下令說：「要是有誰再敢勸我，我就殺了他！」

　　我們平時經常遇到類似的情況，對方的做法明明是錯的，可是他聽不

進別人的勸告，而且從心裡對勸諫者有牴觸情緒。如果你冒冒失失地去勸他，恐怕還沒來得及張口，就已經被趕出去了。

楚莊王的問題比這嚴重得多，因為他已經有言在先，誰敢勸他就殺了誰。於是，沒有一個大臣敢去勸他。

楚莊王身邊有個能歌善舞的藝人，名叫優孟。他知道直接去勸楚莊王不會有什麼結果，搞不好還會丟掉性命，於是，他就換了另外一種方式。

這天，優孟來到宮裡，見到楚莊王就大哭起來。楚莊王很是吃驚，就問他為什麼哭得這麼傷心。優孟回答道：「大王最心愛的馬死了，怎能不讓人傷心呢？再說，怎麼只用大夫的標準來安葬呢？應該用國君的標準來安葬才對！」

楚莊王問道：「那你認為應該如何安排呢？」

優孟說：「我覺得，應該用上等的玉石做棺材，並且調動大批軍隊，發動整個都城的百姓，為馬修建一座華麗無比的墳墓。到了下葬那天，讓其他諸侯國的使者擔當護衛任務。把馬安葬以後，還要為牠修建祠廟，用豬、牛、羊各一千隻的大禮來祭祀牠。別的諸侯國看到大王您如此厚待馬匹，肯定會被感動的。他們透過這件事就可以知道，大王您對馬的喜愛勝過一切，到時候他們都會向您學習的。」

優孟的這些話完全是順著楚莊王的意思說的，沒有任何勸阻的意味，因此楚莊王起初興致勃勃地聽優孟的「安排」。可是聽到最後，楚莊王終於感覺自己的做法有些過分，於是幡然悔悟，慚愧地說道：「難道我真的把馬看得太重，而把國家和人民看得很輕嗎？看來我的錯誤很嚴重啊，我該怎麼辦呢？」

優孟看到楚莊王已經主動承認錯誤了，於是就說出了自己的真實想

法：「大王，我建議您用大鍋做棺材，用花椒、生薑當陪葬，把馬肉煮得香噴噴的，最後『安葬』在大家的肚子裡就是了。」楚莊王聽了以後哈哈大笑，便按照優孟的辦法去做。

假如優孟當時直言相勸，用「國君不應該重物輕人」、「不應該過分奢侈」等大道理來勸說楚莊王，儘管後人會對他產生敬意，可是在當時，他的話卻產生不了什麼效果，相反，還極有可能被楚莊王殺掉。可是他換了一種思路，表面上支持楚莊王的做法，甚至還認為楚莊王的做法不夠過分，這就使楚莊王對他要說的話產生了興趣。接著，他對楚莊王的錯誤加以「放大」，使楚莊王自己感到事態的嚴重性，並主動認錯。就這樣，優孟輕而易舉地說服了楚莊王，而且又讓這位國君不失顏面，真可謂一舉兩得。

我們有時之所以無法勸說對方，是因為對方固執己見，又沒有看到事情的惡劣後果。如果你透過這種「幫助」來與他溝通，一方面可以使談話順利進行，而非一開口就被人拒之門外；另一方面也可以穩定對方的情緒，讓對方跟著你的思路，最後真真切切地看清自己的問題所在，這樣他就會知道自己錯在哪裡了。

如果這個步驟完成，對方自然就會聽從你的建議，到那時，你就可以想說什麼就說什麼了。

## 9. 針鋒相對不如以柔克剛

在現實生活中，人與人之間免不了發生矛盾。矛盾一旦產生，雙方往往會透過針鋒相對的爭論來一決高下。

當你面對他人的指責時，你會怎麼做呢？與對方「硬碰硬」地對抗，

不失為一種好辦法，因為這樣既可以維護你自己的尊嚴，同時又可以有效回擊對方的進攻。可是，這種方法並不是什麼時候都可以用，如果這場紛爭是由你的錯誤導致的，或者是因為你們之間存在某種誤會，那麼，你就不應該以這種強硬的方式回應對方的指責。畢竟，對方並不是在蓄意傷害你，你以強硬的方式對待，雖然可以維護自己的尊嚴，但是卻很容易傷害對方，最終不但不能將問題化解，相反還會招來對方的怨恨，這對你自己也不會有什麼好處。

比如說你在街上走路，不小心踩到了一個人的腳，剛好他性格比較暴躁，於是就開始大聲指責你。原本你是想跟他道歉的，可是看到他如此無禮，於是你就為了面子跟他爭執。這樣一來，你們之間的爭吵會越來越激烈，最後很有可能發展成為街頭鬥毆。

既然針鋒相對的辦法有它的侷限性，那麼我們就應該尋找其他出路。中國道家學說的創始人老子認為，世界上最柔弱的東西莫過於水，可是，就是這沒有固定形態的液體，卻可以戰勝各式各樣堅硬的物體。水可以沖刷河床、改變河道；水可以讓船漂浮，也可以讓船沉沒；水還可以在各種縫隙之間來回流動，絲毫不受縫隙形態的影響……總而言之，水就是憑藉自身柔弱的特性征服其他事物的。

同樣的道理，在與他人發生紛爭的時候，我們也可以用「柔弱」的方式來應對他人的攻擊。

就拿前面的例子來說，當對方指責你時，你如果不去跟他計較，而是恭恭敬敬地道歉，主動詢問對方是否受傷，並且一再承認是自己不對，那麼，對方的指責聲就會一點一點降低，你們之間的矛盾就會化解了。

著名飯店經理人溫斯頓先生就是透過這種辦法化解紛爭的。

一天，溫斯頓正在辦公室翻閱當天的報紙，突然，一位客人闖了進來，嚇了他一跳。

那位客人氣勢洶洶地說：「你是這家飯店的經理吧？剛才我在下樓的時候滑倒了，扭傷了腰。你們地面這麼滑，連防護措施都沒有，我要你們馬上送我去醫院！」

溫斯頓發現，這位客人的腰並沒有多大問題，他很有可能是自己不小心摔倒了，反而怪罪飯店。不過，溫斯頓並沒有與他爭執，而是恭恭敬敬地說道：「先生，實在很抱歉！我馬上就帶您去飯店的醫務部。對了，先生，您換上這雙鞋吧，待會接受檢查時會比較方便。」

於是，客人換上鞋，跟溫斯頓到醫務部去了。

醫生替這位客人檢查，結果並未發現異常。與此同時，溫斯頓把客人的那雙鞋交給了自己的祕書，讓她到外面找個修鞋的地方把已經磨薄的鞋跟修理一下。

客人檢查完畢以後，看到自己的腰並沒有受傷，就冷靜了下來。溫斯頓帶他回到經理室，請他喝杯咖啡，並對他說：「您的身體沒有受傷，這比什麼都重要。」

看到溫斯頓如此有禮貌，客人也覺得自己剛才的語言有些過激，於是心平氣和地說：「摔倒是沒什麼大事，不過你們地太滑了，我只是想提醒你們一下。」

這時，溫斯頓的祕書將客人的鞋拿了回來。

溫斯頓說：「先生，恕我冒昧，剛才我叫祕書把您的鞋拿到外面修理了一下。您的鞋跟磨薄了，很容易打滑。現在已經對您的鞋跟做了處理。」

　　客人接過鞋一看，果然修得很好，於是連連感謝溫斯頓，最後高高興興地與他握手告別。

　　溫斯頓先生就是用這種看似柔弱的方式化解了客人的「進攻」，假如他一味地與客人爭論誰是誰非，最後只會讓客人更加惱火，自己的心情也會受到影響。

　　由此看來，用柔弱的方式處理紛爭會為我們省去許多麻煩，我們常說「以柔克剛」，其精妙之處大概就在於此。

## *10.*「旁敲側擊」效果好

　　人們的性格各有不同，因而行為也大不一樣，有的人說話直接，怎麼想就怎麼說；有的人說話比較隱晦，經常在交談中透過旁敲側擊來向對方透露自己的想法。

　　那麼，當我們看到他人犯錯時，應該採用何種方式來勸說呢？是直接指出對方的錯誤，還是將自己的想法隱含在言語之間呢？

　　要弄清這個問題，我們應該看看這兩種方式的利弊。

　　如果你選擇了前者，你可以直截了當、清清楚楚地把對方的錯誤指出來，但是，如果對方是一個自尊心極強的人，而你與他的談話又是在一個公開場合進行的，那麼你直言對方的錯誤，會傷到他的自尊。

　　如果你選擇後者，就可以避免出現這種情況。因為你的勸告是在「暗」中進行的，對方只要能夠聽出你的「弦外之音」，就會明白自己的錯誤了。

　　所以說，當我們批評或是勸說別人的時候，應當儘量用旁敲側擊的方式，這樣對別人是一種尊重，對自己來講，也是一種語言技巧上的鍛鍊。

有時候，我們可以把性質相近的兩件事一起比較，表面上說的是另外一件事，可實際上卻表明了你對於這件事的態度。

大衛是一名業務員，他一心想成為業界菁英，可惜的是，他平時懶散，工作不積極主動，很多機會都是因為他的懶惰才錯過的。他有個日本朋友，名叫北條秀實，為人勤奮、幹練，在銷售界很有名望。北條秀實經常勸說大衛，要他勤奮一些，可是大衛總聽不進去。有時候，他們兩個甚至還因為這件事而吵架。

吵過幾次之後，北條秀實覺得直言相勸已經沒有用了，於是就想辦法透過旁敲側擊，讓大衛改變懶散的習慣。

有一次，北條準備買房子，他約大衛一起去。到了那裡，房屋仲介便熱情地向他們介紹房子的類型和優點，他說了一個多小時，對於提出的問題一一解答，令北條非常滿意。於是，北條高高興興地簽了合約。

在回家的路上，北條對大衛說：「哦，我原來以為我已經是銷售行業中最勤奮的，沒想到，這位仲介竟然如此敬業！我也正是看到了這一點，才買他的房子……」

北條的話還沒有說完，大衛的臉就紅了，他說道：「今天我終於找到了一個很不錯的榜樣，看來以後我還得跟這位先生學！」

北條深知大衛不會輕易聽取自己的意見，因此才用仲介來刺激大衛。大衛明白，同樣是業務，人家的工作熱情遠高於自己，而且就是因為這種熱情，使他順利賣出了一間房子，這就是勤奮帶來的回報。北條就是透過這種旁敲側擊的方式，成功地說服了大衛，而且還避免了先前的爭吵。

從上面的例子可以看出，當直言相勸產生不了效果，或者可能產生某些不良後果的時候，我們就應該選擇比較隱晦的方式，透過旁敲側擊來說

服對方，讓對方從你的話語裡自覺地了解到自身的問題，就可以避免你們之間發生衝突。

## *11.* 使錯誤看起來容易改正

　　人們往往有這樣一個特點：當你的目標近在咫尺的時候，你總是會奮力一躍，將目標牢牢抓在手中；可是當你覺得希望渺茫時，你就會放棄你的目標。

　　弗洛倫斯‧查德威克（Florence Chadwick）女士曾經成功穿越風急浪高的英吉利海峽。有一次她在刺骨的海水中連續游了 16 小時，感到自己筋疲力盡，四肢就像鐵塊一樣沉重。這時她抬頭看了看遠處，由於大霧的原因，她看不到一英里以外的事物。

　　查德威克覺得自己距離海岸還很遠，根本沒辦法完成這次挑戰，於是就對一直跟著她的快艇上的人說：「快拉我上去吧，我實在游不動了！」

　　快艇上的人說：「再堅持一下，你距離海岸只有一英里了！」

　　查德威克搖著頭說道：「不可能，如果只有一英里，我怎麼會看不到海岸線呢？快拉我上去吧！」

　　就這樣，查德威克被人們拉了上去，小艇飛快地向前方駛去，不到一分鐘，海岸線就出現在他們面前。這時，查德威克後悔莫及，後悔自己為什麼沒有再堅持一下。

　　在我們的生活中，這樣的例子並不少見。有時候，主管安排 5 個任務給你，你會在下班前兩個小時就全部完成；可是如果主管安排 10 個任務給你，你可能到下班時連一半都做不到。出現這種情況，就是因為 5 個任務對於你來說很容易完成，因此你的信心和積極性都非常高；而 10 個任

務對於你來說是根本不可能完成的，相對於全部完成，完成 5 個和 9 個的意義是一樣的，因此你就不會積極地去追求目標了。

同樣的道理，當我們勸說別人改正錯誤的時候，也要注意，千萬不能讓對方覺得自己的錯誤難以改正，否則他就會自暴自棄。相反，如果你指出對方的錯誤是容易改正的，那麼他就會滿懷信心地向好的一面發展。

卡內基的一位朋友就曾經有過這樣的經歷。

他年輕的時候，曾經請過一位舞蹈教師。這位教師經常直白地批評他，說他舞步根本不對，應該從頭學起。這使他非常沮喪，於是他打消了學舞蹈的念頭。

過了一段時間，他覺得自己還是應該學跳舞，於是又請了一位教師。這位教師告訴他說，儘管他的舞步十分陳舊，但是基本步伐還是很好的，可以很快學會幾種剛剛流行起來的新舞步。

就這樣，卡內基的朋友對舞蹈又有了興趣，並且在練習過程中不斷糾正自己的錯誤，使自己的舞步越來越優美。

後來，這個人對卡內基說：「我知道自己的舞蹈很普通，可是我希望自己真的像她所說的那樣。我真心感謝她，是她讓我心甘情願地改變自己。」

由此看來，在指出別人錯誤的時候，鼓勵很關鍵。如果你只是一味地給對方難堪，說些「無可救藥」之類的話，對方就會徹底失去信心，而失去信心的結果就是，他不但不會改正自己的缺點，相反，還會在錯誤的道路上越走越遠。

所以說，我們應該學會鼓勵別人，讓他們看到希望，只有這樣，他們才能朝著目標邁進。

由此可見，希望是一個人追求目標的動力，我們在勸誡他人的時候，須讓對方感到有希望，才能達到預期效果。

## 12. 切入正題之前的鋪墊

在我們身邊，談判無處不在，大到國家之間領導者的會晤、企業與企業之間的貿易磋商，小到個人與個人之間的合作事宜，以及企業內部的徵才與解雇……

很多人都把談判當成是一場戰爭，只不過，交戰雙方的武器不是槍炮，而是語言。在這種觀念的影響之下，人們在進行談判時總是將氣氛弄得很緊張。

其實，談判作為人與人之間的溝通的一種形式，應該具有一定的人文關懷，如果談判的氣氛變得和緩，會讓雙方感到輕鬆，雙方的心理距離也會拉近。這樣一來，雙方合作的可能性也就大大提高了 —— 這正是談判的終極目標。

如果我們能在切入正題之前與對方拉近關係，那麼，這對整個談判過程都是有好處的。這是因為，談判開始之前的溝通決定了談判的基調，如果我們能夠把握住這個機會，必將使談判往有利於自己的方向發展。

有一次，柯達公司的創始人伊士曼（George Eastman）向羅徹斯特捐了一大筆錢，準備修建一座紀念館、一座音樂廳和一座戲院。為了承包這些建築物內的坐椅，製造商們展開了激烈的角逐。

可是，很多製造商都在伊士曼那裡碰壁，沒有拿下這項工程。

在這種情況下，經理亞當森找到了伊士曼，希望能夠得到這筆價值 9 萬美元的生意。

在見到伊士曼之前，亞當森就收到了伊士曼的祕書的「警告」：伊士曼很忙，與不重要的人交談從來不超過五分鐘。

亞當森被引進伊士曼的辦公室以後，看到伊士曼正在翻閱桌子上的一堆文件，於是他就靜靜地站在一旁參觀這個辦公室。

過了一會，伊士曼抬起頭來，看到了亞當森，於是問道：「先生有何要事？」

祕書把亞當森的情況介紹完就出去了，亞當森卻沒有談生意上的事，而是說道：「伊士曼先生，我從事室內裝修多年，從未見過裝修得如此精緻的辦公室。」

伊士曼說道：「哦，這間屋子是我親自設計的，剛修好的時候，我喜歡極了。可是後來一忙，一連幾個星期都沒有好好欣賞一下。」

亞當森走到牆邊，摸了一下木板，說道：「我想這一定是英國的橡木，對不對？」

伊士曼高興地答道：「是的，這是從英國進口的橡木，是一位專家去英國為我訂的貨。」

伊士曼心情出奇地好，於是便帶著亞當森參觀起他的辦公室。

他興致勃勃地介紹室內的裝飾以及設計經過，亞當森聚精會神地聽著，並且藉機詢問起他的經歷。於是，伊士曼說起了自己的人生歷程……

就這樣，亞當森和伊士曼談了幾個小時，不知不覺竟然到了中午。伊士曼把亞當森請到家裡吃午飯，飯後還向亞當森展示了自己為椅子上油漆的技術。

直到亞當森離開的時候，兩人都沒有談到生意。

可是到了最後，亞當森不僅得到了伊士曼的訂單，同時二人還結下了深厚的友誼。

亞當森之所以成功，就在於他並沒有急於和伊士曼「談判」，而是用大量的時間拉近彼此間的距離。他從伊士曼的辦公室裝修開始，巧妙地讚揚了伊士曼的成就，使伊士曼的自尊心得到了極大滿足，兩人也就順理成章地成為知己。既然是知己，伊士曼的這筆生意自然要給亞當森了。

我們設想一下，假如亞當森見到伊士曼後直接談生意，那麼性格暴躁的伊士曼十之八九會把他趕走，後面的合作也就無從談起了。

談判的本質在於協商，而非對抗，因此，我們更應該為談判營造一種和諧的氛圍。為了實現這一目標，我們應該把對方當成朋友來看，主動拉近彼此的距離。在這種和諧關係的作用下，一些原本棘手的問題會被輕鬆解決，這正是我們所追求的最終目標！

## 13. 替自己找個臺階下

在競爭日益激烈的當今社會，每個人都有可能成為一場「戰爭」的勝利者，與之相對應的是，每個人也都有失敗的可能。

從個人修養的角度來看，勇於認錯、勇於承認失敗是一個人心理素養良好的表現。但是，在激烈的競爭中，原本處於劣勢的一方如果主動「認輸」，會讓形勢繼續朝著對他不利的方向發展。因此，當我們失敗的時候，如果有必要，一定要讓自己不至於太難堪，替自己找個臺階。

瑪麗和布魯斯是一對情侶，兩個人交往很久了。瑪麗性格比較活潑，但由於她從小嬌生慣養，因此總是以自我為中心，對別人的態度也非常傲慢，即使自己有錯也不願承認。

　　一天傍晚，瑪麗和布魯斯正在一家餐廳吃飯。這時，布魯斯的電話響了，原來，公司有了突發事件，老闆找他商量解決辦法。於是，布魯斯匆匆結了帳，留下瑪麗，一個人離開了。

　　這原本並沒有什麼，可是，瑪麗卻認為布魯斯不尊重自己，於是在第二天和他大吵一架，還以分手要挾，要求布魯斯乖乖地認錯。此時的布魯斯正因為公司的事發愁，他看到瑪麗這樣對自己，心裡也十分憤怒，於是拂袖而走。

　　過了幾天，瑪麗見布魯斯沒有找自己，才知道人家已經生氣了。為了避免兩人真的分手，她主動來找布魯斯。

　　兩人見面以後，布魯斯一臉嚴肅，沒有絲毫示弱的樣子。瑪麗知道自己必須認錯，才能獲得布魯斯的原諒。可是，瑪麗平時從來不對別人低頭，如果現在主動承認錯誤，她覺得沒面子。於是，她就俏皮地對布魯斯說：「布魯斯，如果你吻我一下，我就會原諒你！」可是布魯斯把臉轉向一邊，沒有任何表示。

　　瑪麗知道布魯斯這時已經不可能遷就自己了，於是就走到布魯斯面前，吻了布魯斯一下，然後說道：「好了，既然你已經吻了我，我就原諒你吧！」於是，兩人又擁抱在一起。

　　瑪麗為自己找臺階的辦法確實很獨特，她知道布魯斯不會主動向她屈服，而自己又不願意承認錯誤，於是她就想出了這個辦法：自己主動去吻布魯斯，嘴上卻說布魯斯吻了自己。就這樣，瑪麗在行動中已經完成了向布魯斯的道歉，但是語言上卻並沒有吃虧，她為自己找的這個臺階簡直太妙了！

　　為自己找臺階，不僅可以維護個人的尊嚴，有時也可以維護集體的利益。

葛利瑪企業原是日本著名的麒麟啤酒製造商，後來，另一家啤酒公司生產了一種新型啤酒，葛利瑪企業因此失去了很大一部分的市場。

很快，社會上就出現了對葛利瑪企業不利的言論，整個葛利瑪企業都十分恐慌。總裁明知自己失敗，但他為了維護企業的榮譽，還是巧妙地用一句話替自己找了個臺階：「由於我們向來堅持正統啤酒的風味，結果才在不知不覺中沒有趕上潮流。」

這位總裁先生雖然承認自己的企業沒能趕上潮流，但他用「堅持正統啤酒的風味」作擋箭牌，為自己的失敗找到了合適的藉口，這樣一來，企業的榮譽就保住了。假如這位總裁當時簡單地承認失敗的話，那麼葛利瑪企業必走向衰落。

從上面的例子可以看出，學會為自己找臺階，不僅可以讓自己遠離尷尬的境地，有時也會影響到個人或集體日後的發展。儘管對於任何人來說，失敗都是難免的，但是只要方法得當，我們就可以從尷尬的泥潭中解脫出來，這樣才能把失敗所帶來的負面影響降到最低。

## 14. 幫助對方擺脫尷尬的境地

在我們與他人交流時，如果我們自己失敗了，當然要替自己找個臺階；反過來說，如果對手敗了，他們一定也會為了面子而努力找臺階。

也許你認為，既然對方已經失敗了，那麼能否找到合適的臺階就是他的事了，與我無關！如果你這樣想，就大錯特錯了。畢竟，每個人都有尊嚴，直接承認自己的錯誤是很難做到的，如果你能給他一個臺階，幫助他走出尷尬的境地，不僅事態可以變得緩和，而且對方還會對你產生敬意。

我們身邊有很多這樣的人：與他人爭辯的時候毫不手軟，自己贏得先

機之後更是步步緊逼，不讓對手喘息。如果是在辯論會上，這樣的人或許可以稱得上高手，可是如果放在現實生活中，這樣的人會被人認為是不近人情。

畢竟，現實生活不同於辯論賽場，更不同於硝煙瀰漫的戰場，如果你一味地追求讓對手在萬分尷尬中認錯，結果只有一個：對手會為了尊嚴繼續與你爭執，你們之間的矛盾也會被進一步激化。

從前有一位年輕的格鬥家，非常喜歡與他人比武較量，他希望透過比武來結交朋友，以提高自己的技藝。

一些在社會上頗有名望的大師級人物覺得這位年輕人有些狂妄，於是紛紛帶著蔑視的態度向他挑戰，結果都敗在他手下。每次擊敗對手，這位格鬥家總會說：「這回你知道我的厲害了吧？交個朋友怎麼樣？」

儘管他的這些話是很真誠的，但是那些格鬥大師們怎麼能忍受失敗的恥辱？所以到後來，沒人和他交朋友。

這位格鬥家非常苦惱，就去找自己的老師傾訴。他的老師對他說：「習武之人都很愛惜自己的名譽，如果你能幫助他們找回丟掉的榮譽，他們一定會感激你的。」

格鬥家聽了老師的話以後沉思了許久，終於明白自己該怎麼做。又一次比武，這位格鬥家的對手是日本空手道界最具影響力的人物。他用盡全力，終於將對手擊倒在地。正當對方無比羞愧地掙扎著想從地上爬起來的時候，這位格鬥家走過去伸手拉了他一把，對他說：「這裡的場地不太好，地太滑了，我剛才也險些摔倒。我看今天就到此為止吧，如果您方便的話，我想請您到我家裡做客，在我家的院子裡切磋。」對方被他這番話所感動，於是很高興地接受了邀請，兩人從此成了好朋友。

「得饒人處且饒人」，人畢竟是有感情的動物，不可能機械地承認自己的對與錯。當對方在辯論中無路可走的時候，你如果緊追不捨，對方一定會奮起反擊；相反，如果你給他一條出路，他就會帶著感激與愧疚前往他應該去的地方。

給對方臺階下，也是給自己一個獲得和諧的機會，我們又何樂而不為呢？

## 15. 找出對方的邏輯漏洞

無論是一般的談話還是公開場合的辯論，語言的邏輯性都是大家必須注意的。語言失去了邏輯，就會失去說服力。同樣的道理，如果我們抓住了對方語言當中的邏輯漏洞，我們就可以讓對手的雄辯不攻自破。

漢朝最有名的皇帝要數漢武帝，在他的治理下，漢朝成了當時世界上最為強大的國家。可是，漢武帝有一個最大的缺點，那就是迷信。他一直認為世界上有讓人長生不老的仙藥，於是經常派人四處尋找。

有一次，有人向他獻上了「不死酒」，說只要喝了這種酒，就一定不會死去。漢武帝非常高興，於是準備選擇一個好日子喝了它。

沒想到，漢武帝身邊的一位名叫東方朔的大臣竟然偷偷把這壺酒給喝了。漢武帝知道以後氣得要把他的頭砍下來。

臨死前，東方朔對漢武帝說：「陛下，我喝的是不死酒，所以您是殺不死我的；假如我真的死了，就說明這不是不死酒。既然這種酒不能讓人永生，您又為什麼因為我喝了它而將我處死呢？」

漢武帝聽完以後，覺得東方朔說得非常有道理，於是就放了他。

在這裡，東方朔指出了不死酒與死刑之間邏輯上的漏洞，即：如果不

死酒是真的，那麼死刑就失去了意義；如果不死酒是假的，那麼死刑就是不合理的。所以說，這兩種情況無論出現哪一種，漢武帝都不應該或沒必要處死東方朔。就這樣，東方朔運用自己的智慧化解了危機，同時也讓漢武帝對「不死酒」的功能產生了質疑。

19 世紀俄國著名文學評論家赫爾岑（Alexander Herzen）有一次參加了朋友的酒宴。席間，他被輕佻的音樂弄得心煩意亂，忍不住地用手捂住耳朵。

主人看到他這個樣子，就解釋道：「這可是俄國非常流行的音樂，你怎麼會感覺厭煩呢？」赫爾岑問道：「流行的音樂就一定高尚嗎？」主人反問道：「不高尚的東西怎麼會流行呢？」

這時，赫爾岑笑了起來，說道：「按你的說法，流行感冒也一定很高尚嘍？」主人頓時啞口無言。

按照那位主人的邏輯，凡是流行的東西都是高尚的，因為不高尚的東西不會流行。這種邏輯推理在一定程度上是行得通的，但是，這畢竟有一定的侷限性。有些高雅的藝術，一般人是欣賞不了的；而一些壞習慣，卻很容易被大眾接受。所以說，單純從「是否流行」來判斷「是否高尚」，從邏輯上看是不嚴密的。赫爾岑作為一名文學批評家，當然知道這一點，不過，他並沒有從抽象的藝術來反駁主人，而是巧妙地用「流行感冒」這個既常見又流行的事物來說明問題，攻擊了對方邏輯上的漏洞，使對方不得不承認自己確實說錯了。

無獨有偶，享譽世界的大發明家愛迪生（Edison）也曾用這種方法說服過別人。

一位年輕人想進入愛迪生的實驗室工作。愛迪生要他談談自己的志

向，於是年輕人就滿懷信心地說：「我決心發明一種萬能溶液，這種溶液可以溶解世界上所有的物品。」

愛迪生聽了這番豪言壯語以後，驚奇地問道：「可是，你打算用什麼樣的容器存放這種萬能溶液呢？」

年輕人一聽，臉一下子就紅了，一句話也說不來。

從化學角度來看，溶解一切物品的溶液是不存在的，但是，愛迪生如果只是在這一問題上與對方爭辯，最終難以說服對手，於是，他就從「溶解所有物品」這一概念出發，引出邏輯上的矛盾，使對方的觀點不攻自破。

首先，要發明一種「萬能溶液」，必須要有存放它的容器，這是此項發明的先決條件。可是如果真的有盛放這種溶液的容器，就說明這種溶液並非「萬能」，因為它溶解不了存放它的器皿。因此，這種「萬能溶液」根本無法發明。

愛迪生就是用這樣一句簡單的問話揭露了年輕人觀點中的悖論。

很多時候，對方的論辯總是顯得無懈可擊。但是，只要他的觀點存在邏輯上的錯誤，我們就可以以此為突破口將對手擊垮。所以說，在與人辯論時，不要被對方的氣勢所嚇倒，即便他的攻勢再強勁，只要存在邏輯漏洞，你就可以對準他的致命傷打出一記重拳，對手必然會敗在你手上。

## 16. 巧用激將法

「激將法」是非常古老的計謀，它最初的意思是用刺激性的話語使將領出戰。如今，這條計謀已經被廣泛應用於社會、家庭等諸多方面，發揮著越來越大的作用。

　　我們每個人都有一定的自尊心和反抗心理，如果我們對他人的這種心理加以刺激，使其發揮出不願服輸的情緒，或許會造成意想不到的效果。

　　《三國演義》就記載著與激將法有關的故事。

　　三國時期，北方的曹操率領大軍南下，準備消滅劉備，順便消滅東吳的孫權。當時，劉備的實力很弱，憑藉自己的力量根本沒有辦法與曹操對抗，於是，他就派諸葛亮前往東吳，勸說孫權聯合起來共同抵抗曹軍。

　　當時，東吳的大臣們分為兩派，一派主張與曹操對抗，一派主張投降，結果搞得孫權左右為難。

　　諸葛亮來到東吳以後，看到孫權搖擺不定。他知道，如果直接勸孫權抵抗曹軍的話，孫權以及眾大臣不一定會接受，於是，他就準備用激將法來實現自己的目標。

　　他裝成支持投降的樣子，對東吳大將周瑜說：「對於投降，我倒有個辦法，既不用割讓土地，也不用贈送財物，只要派一名使者把兩個人送到曹操那裡，他就會馬上撤走百萬大軍。」

　　周瑜問道：「是什麼辦法呢？」

　　諸葛亮答道：「我聽說曹操修建了一座異常華麗的樓臺，叫做『銅雀臺』，裡面有很多從各地選來的美女。曹操是個出了名的色鬼，他聽說東吳的喬先生有兩個女兒，大女兒叫大喬，小女兒叫小喬，都是世上少見的美女。於是，曹操就發誓說：『等我平定天下以後，一定要把兩位喬小姐安置在銅雀臺，安度晚年。只要得到她們兩個，我就是死也願意。』這樣看來，他現在率領百萬大軍南下，只不過是為了得到這兩位女子。您只要找到那位喬先生，用重金買下這兩個女子，派人送給曹操，他一定會撤兵的……」

　　周瑜聽了諸葛亮的話怒火中燒，立刻站起來指著北方大罵：「曹操這個老東西實在太過分了！」諸葛亮連忙勸道：「將軍千萬不要生氣，用兩個女子換來東吳的平安，不是很好嗎？」

　　周瑜說：「諸葛先生可能不知道，大喬是我家主公孫權的妻子，小喬是我的妻子。」

　　諸葛亮假裝什麼都不知道，連忙道歉：「哎呀，我確實不知道有這種事，真是該死！」可是，此時的周瑜已經被徹底激怒了，於是當即與諸葛亮定下聯合抵抗曹操的計畫。

　　事實上，周瑜原本就打算與曹軍打上一仗，可是面對主降派的壓力，他也有些為難。諸葛亮正是看透了周瑜的這種心理，就用「曹操想得到你的妻子」的話語來刺激他，使他為了男人的尊嚴不得不下定決心出戰。

　　在這裡，諸葛亮表面上是希望東吳投降，但實際上這只是反話，周瑜聽說曹操想得到大喬、小喬之後，覺得如果向曹操屈服的話，是對自己人格的一種侮辱，於是，他沒有按照諸葛亮表面上所說的去做，而是堅定了抵抗曹軍的決心，這樣就達到了諸葛亮的預期效果。

　　在現實生活中，我們也可以用這種方式來說服他人。

　　比如說，你的朋友因為與教練發生了爭執而離開了學校籃球隊，可是學校馬上要對外舉行一場比賽，而你的朋友又是不可或缺的關鍵人物，你該怎麼勸他重返球隊呢？如果你對他說：「你應該回到球隊，如果少了你，我們學校就拿不到冠軍。」那麼他十之八九不會被說服，因為他對球隊已經產生怨恨，球隊的輸贏與他沒有關係。可是，如果你這樣說：「我們去年的老對手已經說了，今年我們學校只能打進八強。即使有你在，最多也只能進四強。他們還說，他們接受了最嚴格的訓練，已經今非昔比了，可

是我們學校呢，沒有什麼長進，尤其是你……」如果你的朋友還算是個男子漢的話，他一定會為了捍衛自己的尊嚴而重返「戰場」的。

這就是尊嚴的力量，這就是激將法的奧祕。當你無法說服對方的時候，不妨試用一下激將法，有時真的能達到預期效果。

## 17. 分析利弊是說服別人的必要前提

人們都有一個特點：凡是對自己有利的，就會去爭取；凡是對自己有害的，就會主動逃避。就是這種趨利避害的特點，構成了人的本質，一個人的進步與發展的原動力也在於此。

正是因為人類有這種特性，因而會講道理的人在勸說別人的時候，總是會闡明這樣做有哪些好處，不這樣做又有哪些危害。對方只要清楚這些道理，就可以做出正確的選擇了。

享譽全球的球王比利（Pelé）當初就是在父親幫助他分析利弊之後才改掉吸菸的習慣。

比利在很小的時候，就已經顯現了足球天賦，並接二連三地創造佳績。有一次，小比利參加一場激烈的足球比賽。賽後，隊友們一個個筋疲力盡，有幾個同伴還抽起了菸，說這樣可以解除疲勞。比利受到他們的影響，也要了一根，然後就得意地抽起來，還覺得自己很瀟灑。這時，比利的父親恰好來看望他，小比利抽菸的一幕被父親看在眼裡，父親十分痛心。

到了晚上，父親問比利：「你今天抽菸了？」

比利低下頭答道：「抽了。」然後就等著接受父親的訓斥。

父親原本想狠狠地教訓他一頓，可是他轉念一想，比利年紀還小，很

多事都不懂，即使今天用打罵的辦法讓他戒菸，以後他還有可能繼續抽；再說，小孩子往往存在反抗心理，父母越是不讓他做什麼，他就偏要做什麼。

想到這裡，父親把心中的怒氣壓了壓，對比利說：「我的兒子，你在足球方面很有天賦，如果勤學苦練的話，將來或許很有發展。可是你應該知道，一名優秀的足球運動員首先必須有一個強健的體魄，可是抽菸恰恰會毀了一個人的身體。你也許會說：『我以後再也不抽了。』可是，抽菸是會上癮的，有了第一次就會有第二次，然後就會有第三次、第四次……長期發展下去，你的菸癮會越來越嚴重，你的身體也會越來越弱，這樣一來，你只能遠離足球運動了。身為父親，我有責任教育你往好的方向發展，也有責任制止你的不良行為。不過，選擇哪條路，主要還是取決於你自己。」

比利聽了父親這番話，終於明白了：自己想成為一名優秀的足球運動員，就不能再損害自己的身體。於是，小比利誠懇地對父親說：「爸爸，我以後再也不抽菸了，我一定要成為一名優秀的足球運動員！」

從此以後，比利再也沒有接觸過菸草，訓練也更加刻苦了，後來終於成為一代球王。

比利的父親的成功之處就在於，他沒有用父親慣有的嚴厲態度來訓斥孩子，而是把抽菸的危害說給比利聽，讓比利在足球和吸菸這二者之間進行選擇。比利雖然年紀還小，但是他一直把足球運動當成自己未來的事業，二者相比較，自然是足球的分量更重。

在現實社會，人們想生存、想發展，就不得不關心與自己相關的各種利益，所以，當你勸說他人的時候，一定要仔細地幫助他分析利弊，這樣

才能增強說服力。如果你只是簡單地告訴對方應該怎麼做、不應該怎麼做，往往沒有效果。

李斯特是一位在安大略省頗具影響力的機械製造商，他的表弟霍華德原本也從事這一行業，可是後來覺得賺錢太慢，於是就準備投資股市。經驗豐富的李斯特深知股票風險很大，就指責了表弟。可是，由於李斯特平時相當繁忙，再加上他耐心不夠，因而並沒有向年輕的表弟說明利害關係，只是簡單地說：「霍華德，你給我聽好了，我不准你冒這個險！」

年輕氣盛的霍華德當然不吃他這套，於是毅然把錢投進了股市。結果沒過多久，股市大跌，霍華德差點破產。這時，李斯特才開始自責，後悔當初沒有好好分析這件事。

分析利弊確實是說服別人的好辦法，不過，這種辦法只能對那些明事理的人使用。如果你面對的是一個是非不分、聽不得別人半句的傢伙，你就沒有必要再為他分析利弊了。遇到這種情況，你還是尋找其他更好的方法吧。

## 18. 先轉移話題，再攻核心

在交談過程中，如果你打算從對方那裡得到你想要的回答，可是對方具有很強的戒備心理，不想按你的想法回答，你該怎麼辦呢？

那就是先把對方不便直接回答的話題暫緩，轉而談論一些看似與此毫不相關的話題，然後悄悄地把話題引回來，讓對方在「不知不覺」當中說出你想聽到的話，這樣一來你的目的就達到了。

有時候先轉移話題，再攻擊事件核心，會讓對手根本沒有反駁的機會。不過，在運用這一謀略的時候，一些原則是需要牢記的：不能過早暴

露你的真實意圖，防止對方有心理準備。轉移的話題不能與核心話題相差太遠，否則二者就會失去關聯，同樣達不到目的。話題轉移之後再次回到核心問題，一定要有嚴密的邏輯。我們在掌握這幾條原則的基礎之上充分發揮自己的聰明才智，就可以將各種疑難問題一一解決了。

## 19. 用商量的語氣提意見

儘管我們身邊有很多人都表現得謙虛有禮，樂於接受別人的批評，但你不要忘了，任何人都希望得到別人的尊重，也就是，任何人都不希望別人用命令的口吻跟自己說話 —— 只不過不同的人表現的程度不一樣。正因為這樣，我們在給他人意見時，應儘量用商量的語氣，而不要用命令的口吻。如果你過分強硬，對方很有可能將你拒之門外。

在一個社區裡，住著一位安妮斯頓太太，她養了一隻大型獵犬，平時總是讓獵犬獨自在外面亂跑。儘管這隻獵犬相當溫馴，但是小孩子們看到這個大傢伙還是會感到害怕，因此很多孩子都躲在家裡不敢出來。

同住在這個社區裡的福斯特先生再也忍受不了這隻獵犬了，因為他年僅 5 歲的兒子一看到獵犬就會放聲大哭。於是，福斯特就去找安妮斯頓太太「理論」。

福斯特敲開了安妮斯頓太太的房門，對她說：「安妮斯頓太太，我知道你很愛你的獵犬，可是你知道嗎？就是因為你放任牠亂跑，致使我的兒子一見到牠就大哭不止。就連我外出，也得躲著獵犬。我希望你能把你的獵犬拴起來，別讓牠隨便出來。如果你繼續放任牠的話，我只能去投訴了！」

儘管福斯特先生的話很有道理，但是他的語氣過於強硬，而安妮斯頓

太太絕不允許別人這樣命令她，於是憤怒地答道：「福斯特先生，我的獵犬很溫順，你怕牠，但並不代表牠會傷害你。我請你記住：牠和我們每個人一樣，需要自由！」說完，她就「砰」地一聲把門關上了，只留下福斯特在外面繼續生著氣。

福斯特先生的失誤就在於，他使用了命令的口吻，而安妮斯頓太太恰恰不喜歡別人這樣對她說話。

與福斯特相比，新搬來的鄰居卡特先生的做法就比較高明了。卡特先生也是獵犬的「受害者」，不過，他並沒有像福斯特那樣衝動。他見到安妮斯頓太太以後說道：「安妮斯頓太太，您好！我是您的新鄰居卡特，我今天來拜訪您，是有事要跟您商量。我知道您的獵犬很活潑、很聽話，可是，在小孩子眼中，獵犬可稱得上是龐然大物了。我的兒子今年6歲，看到獵犬就會害怕，所以平時根本不敢出來玩，我怎麼勸他都沒用。所以我來跟您商量一下，您能不能在每天下午五點到六點讓您的獵犬待在家裡，這樣的話我的孩子就可以出來玩。等到六點鐘以後，我會叫孩子回家吃晚飯的，這時您的獵犬到哪裡都行。希望您能體諒我們的難處……」

聽了卡特先生春風細雨般的話以後，安妮斯頓太太點了點頭，表示願意照辦。

福斯特和卡特都是為了同一個目的找安妮斯頓太太，但是最終結果卻不一樣。出現這種情況的原因就在於二人的方式不同：福斯特以強硬的態度，而卡特先生希望對方體諒自己的苦衷。安妮斯頓太太不是不通情理的人，她聽了卡特先生的陳述以後自然知道會為其他人帶來不便，所以她才會接受卡特先生的提議。

當你向他人提意見時，一定要記住，每個人都不希望被人命令。假使

你不採用商量的辦法而是採用強硬的態度來說服對方，那麼你就是和諧局面的破壞者，自己也會為此付出代價的。

## 20. 幫對方「戴高帽」，讓他不得不答應你

每個人都或多或少有一點維護自身形象的自我意識，簡單來說，這種心理狀態就是虛榮心；幫別人「戴高帽」，就是滿足對方虛榮心的一種行為。

儘管很多人對此不屑一顧，但是有些時候，幫對方戴上一頂「高帽」，確實能幫助你實現自己的目標。比如說，你有事想求別人幫你辦，可是對方並不願意幫你。在這種情況下，你可以在某一方面對他大加恭維，以激起他的虛榮心，如果他不按你說的去做，就會有損自己的形象。於是為了保持自身形象，對方一定會答應幫忙的，這樣一來你的目的就達到了。

哈瑞靠出租公寓維生，在他的房客中，有一位叫做帕克的中年男子對住宿環境要求十分苛刻。在租約上，帕克寫明要租 6 個月，可是現在只住了 2 個月就要搬走，根本不理會租約上寫了什麼。當時正值冬季，房屋很難再租出去，哈瑞為了避免損失，就打算找帕克談談，要他遵守租約：如果非要搬走的話，必須付清 6 個月的房租。

哈瑞來到帕克的門前，正準備進去和他「理論」一番，可就在這時，他突然想到了一個問題：這位帕克先生脾氣很暴躁，自己如果冒冒失失地要求他，兩個人一定會大吵一架的。想到這裡，哈瑞改變了計畫，於是輕輕地敲了敲門。

帕克把他請了進去。隨後，哈瑞說道：「帕克先生，我聽說您準備馬

上搬走，可我相信那不是真的。從我與您的接觸來判斷，我覺得您是一位很講信用的人，不會輕易做出這樣的決定。」

帕克聽了哈瑞的話，沒有任何表示，於是哈瑞又向他建議，請他考慮一下，如果決定要搬走的話，哈瑞說他不會有任何異議。

臨走時，哈瑞還不停地說帕克是一位講信用的人，一定會遵守租約的。

過了一個星期，帕克主動來找哈瑞，說自己一定會住到期滿的，並且把房租一分不少地交給了哈瑞。

在生活中，這樣的例子很常見，一個人也許沒有意識到自己有什麼過人之處，可是如果別人對他的某一方面（也許是弱點）大加稱讚，他為了維護自己的形象，也要在這方面表現得非常出色。帕克就屬於這種情況，也許他根本不在乎什麼信用，可是哈瑞一直說他是個有信用的人，他自己就會約束自己，以樹立自己的形象。

有的時候，你求別人幫你辦事，可是人家以「能力有限」為由拒絕你，你該怎麼辦呢？對付這樣的人，你同樣可以嘗試幫他戴上一頂「高帽」。你可以無限誇大對方的能力，甚至可以把他比作「超人」—— 當然，一定要態度誠懇，不能太過虛偽 —— 這樣一來，他為了維護自己「超人」的尊嚴，必定會盡全力幫你的。

傑克是一家廣告公司的業務經理，有一次，他為了趕進度，不得不讓一位資深企劃師提前繳交他為公司所做的廣告案。

那位企劃師在業界非常有名望，很多大型廣告公司都經常與他合作，傑克感到壓力很大。

傑克來到企劃師的辦公室，把自己的意思簡單地說了一下，那位企劃

師聽了以後十分驚訝：「什麼？原本一個星期的企劃案要在四天之內完成？哦，我可不是上帝！」

傑克見企劃師接受不了這樣的條件，就說道：「說實話，這樣的速度一般人確實很難達到，不過我相信，您一定可以做到！我知道您的能力，所以才跟您談這件事。如果換成他人，我是絕對不會提出這樣的條件。」

企劃師被傑克這麼一恭維，顯然不能否認自己「業界權威」的身分，於是就非常痛快地答應了下來。

由此可見，恭維是說服的一種獨特手法。當我們直接求別人辦事卻沒得到應允時，不妨用一下這種「戴高帽」的辦法，只要你的要求別太過分，只要對方自尊心較強，你就一定會得到滿意的結果！

## 21. 促使事態完美的善意謊言

儘管很多人都知道，有時候說假話也會有積極的作用，但是一些人由於擔心自己的謊言被人識破，因此在說話時表情、語調都極不自然，這樣一來就很容易被人看出破綻，說話的目的也就無法達到了。所以說，當我們用善意的謊言「欺騙」別人的時候，一定要讓謊言變得可信，這樣才能提高它的說服力。

美國流傳著一句諺語：「只想你正在走的這一步，不要去想下一步。」這句話對於說謊者而言，無疑是一種正確的方法：在說謊的時候，你的腦子裡只要想你要說的謊言就行了，其他的事情不要去想，只有這樣才能讓你輕輕鬆鬆地說謊。

在通常情況下，人們說謊的時候總是吞吞吐吐，這樣很容易讓人產生懷疑；相反，如果我們不假思索、脫口而出，別人就會深信不疑。很多人

就是利用了人們的這一心理特點，用十分肯定的語氣說話，使別人把假的當成真的。

說謊時，乾淨俐落是最基本的要求，除此之外，我們還要注意增加謊言的合理性。

當你編造謊言的時候，一定要合情合理，讓人覺得你的話可以相信。如果你口中的「事實」與現實差距過大，別人就會認為這是一派胡言。比如說，你告訴別人你見過一位 240 公分高的「巨人」，別人或許會相信，儘管這樣的人十分少見；假如你把「巨人」的身高說成是 300 公分，別人就不會相信了，因為這個高度有點太「過火」。

這只是一個比較簡單的例子，實際上，交談過程中的情況比這複雜，因為對方總是會有一定程度的戒備，對你的話也有一種本能的懷疑。為了打消對方的疑慮，你不但要使謊言合情合理，還要在謊言之中穿插一些真實的東西，這樣一來，對方就真假難辨了。

另外，對方對謊言接受與否還取決於你對內容了解的程度，你把內容說得越清楚、越透澈，對方就會越信任，被「騙」的機率也就會大大提高。

謊言是說出來的，但要想讓人信服，光靠一張嘴是不夠的。在說謊的時候，我們還需要神態、動作、情感的幫助。試想一下，如果你在說話時眼睛總是四處張望，語調裡流露出輕佻，就算你說得再合情合理，對方也不會輕易相信你的。讓對方感到你態度誠懇，你才有可能真正打動他的心。

總之，我們應該帶著積極的目的說假話，同時也應該將謊話說得盡可能完美。如果我們在說謊的時候出現了紕漏，那不僅達不到減少麻煩的目的，反而會把事情搞得更糟。讓謊言無懈可擊，那才高明。

## 22. 適當用點心理學的暗示技巧

曾有科學家得出這樣的結論：人是這個世界上唯一能夠接受心理暗示的動物。

人是感性的動物，在某些情況下，一個十分理智的人也有可能做出不合邏輯的舉動。當一個人受到外界的某種影響時，他就很容易憑藉主觀感受對某一假設予以肯定，比如說，當我們看到某產品的廣告時，儘管我們還不清楚這種產品到底有哪些好處，可是透過廣告的暗示作用，我們從心理上就會認為該產品一定很好。我們在購物中心裡看到這種產品與其他同類型的產品擺放在一起，我們就會毫不猶豫地選擇看過的那一款，而不會去選擇那些「默默無聞」的產品，這就是心理暗示的影響。

同樣的道理，當我們用理性的話語無法說服對方的時候，我們也不妨試一試暗示的手法讓對方肯定我們的說法。

一位病人來到醫院，對醫生說他身體不舒服，不僅身體日漸消瘦，而且精神也一天比一天頹廢，吃了很多藥也沒用。醫生對他做了檢查，發現他患的是一種心理疾病 —— 疑病症（Hypochondriasis），得了這種病的人，總是認為自己身體的某種感覺或變化是由於疾病所致，從而使自己的身心健康受到極大影響。

醫生知道，自己如果把真實情況告訴給病人，病人是不會接受的，他只會固執地認為自己的身體有病，根本不會接受什麼心理治療。於是，醫生就想了個辦法。他對病人說：「您的病確實很奇怪，全世界得這種病的人大概不超過一千人。不過，最近剛剛研製出了一種特效藥，對這種病十分有效，去年我遇到過比你情況還糟糕的病人，他用了這種藥以後不到一個星期就痊癒了，你一定會好得比他快。」

於是，醫生每天替病人打一針，到了第六天，病人竟然精神抖擻地走出了醫院。

其實，醫生所說的特效藥不過是葡萄糖，真正使病人康復的，是醫生的心理暗示作用。

心理暗示在治療心理疾病方面非常有效，我們在平時也可以透過這種方法對我們的親人、朋友施以積極影響。

當你的朋友參加運動會時，他如果內心忐忑不安，你可以拍著他的肩膀對他說：「我觀察過了，那些傢伙都不是你的對手。你可以的，加油！」他在你的暗示下，心裡就會產生「我一定會贏」的信念，這樣一來，他內心的恐懼、不安就會一掃而空，取而代之的除了信心就是鬥志。

凡事都有正反兩個方面，心理暗示也不例外。心理暗示既能給予人鼓舞，同時又能讓人變得灰心、頹廢。

第二次世界大戰期間，納粹在戰俘身上做了一個實驗：他們將戰俘捆綁起來，蒙上雙眼，然後搬動器械，對他說：「我們現在要抽你的血。」被蒙上眼睛的戰俘感到肌肉一陣刺痛，緊接著就聽到血液滴到機器裡的聲音。戰俘哀號一聲，隨後就死亡了。

實際上，納粹並沒有抽他的血，他所聽到的只是自來水滴落的聲音。可是，納粹的話對他造成的心理暗示使他認定這種聲音來源於血液，他想著自己將因為血液流盡而死亡，於是心裡有了對死亡的恐懼，這種恐懼使他腎上腺素急遽分泌，從而引發心臟衰竭，並導致死亡。

有的時候，同樣一句話用兩種不同的方式來說，就會產生正反兩種暗示效果。比如你和你的朋友在沙漠旅行，走到中途發現還有半壺水。如果你說：「唉，我們只剩下半壺水了！」那麼你的同伴一定會感到很沮喪；

相反，如果你說：「哦，我們還有半壺水呢！」你的同伴接受了你的暗示，就會覺得半壺水對於你們來說已經足夠了，他就會滿懷信心地走出這片沙漠。

由此可見，心理暗示對於一個人的影響是很大的。我們在與人交流時，也應該運用一下這個方法，這樣你就不必費盡口舌去勸說對方，而對方則會乖乖地按照你的思路走。成本如此低廉的「心理戰」，我們為什麼不去打上一場呢？

## 23. 在第三人面前讚美技高一籌

每個人都渴望被人讚美，但是我們在讚美一個人時，當面說和背後說的效果是不一樣的。如果你在某人面前說對方好，對方很有可能認為你是在恭維他；可是如果你在第三人面前用同樣的語言讚美他，他就會認為你的話出於至誠，從而增加對你的好感。

「要知心腹話，單聽背後言。」世界上最令人揣摩不透的東西就是人的內心，一個人內心的真實想法往往被表情、語言、動作等表象所掩蓋，從而失去它原有的形態。在與他人交談時，我們每個人都不可避免地用虛假的語言來表達內心的想法（只有少數人在少數情況下能做到直言不諱），正因為這樣，我們對他人的話語也時常保持著戒備，即便是對於讚美之詞也有所懷疑。可是，如果我們在背後讚美別人情況就不一樣了，因為在被讚美者看來，你在第三人面前對他大加讚揚，完全不是在逢場作戲，因為你沒有必要這樣做。如果你的話傳到了被讚美者耳中，他就會認為你是真心實意地讚美他，沒有半點虛假，這樣一來，你說話的效果就會大大提高。

　　《紅樓夢》中就有一段描寫：薛寶釵、史湘雲都勸賈寶玉做官，可是賈寶玉對此非常反感，於是他就在史湘雲等人面前讚美林黛玉：「林姑娘從來沒有說過這些混帳話！要是她說這些混帳話，我早和她生分了。」這時，林黛玉恰好來到窗前，她聽到賈寶玉讚美自己，心裡非常高興，於是兩人的感情進一步加深了。

　　在林黛玉看來，賈寶玉責備了史湘雲、薛寶釵，卻稱讚了自己，而且他本人並不知道這些話會被自己聽到，由此可見，賈寶玉的話完全是發自肺腑。我們設想一下，如果賈寶玉當著林黛玉的面把這些話重複一遍，林黛玉會怎麼想呢？這位神經敏感、好猜疑的小姐一定會認為賈寶玉是在有意討好她。

　　有時候，我們為了使別人對自己產生好感，甚至可以有意地在第三人面前讚美他。德國歷史上著名的「鐵血宰相」俾斯麥（Otto von Bismarck）就曾經用這種辦法征服了自己的政敵。

　　當時，有一位議員對俾斯麥非常敵視，俾斯麥為了拉攏對方，總是對那位議員禮讓有加，可是對方認為他是虛情假意，因此始終沒有改變對俾斯麥的敵視。

　　後來，俾斯麥改變了策略，他時常有計畫地在別人面前讚美那位議員，而且說得熱情洋溢。俾斯麥知道，自己的這些話早晚會傳到那位議員耳中，到了那時，議員就會相信自己了。果然，沒過多久，那位議員就聽人說俾斯麥不管在公開場合還是在私下都經常對自己讚美有加。經過一段時間的觀察，那位議員終於把俾斯麥當成自己的朋友。就這樣，這兩位政壇的死對頭搖身一變，成了無話不談的朋友。由此可見，在第三人面前讚美他人有多麼重要。

從功利目的來看，我們在第三人面前讚美他人的時候，總是希望聽者能把這些話如實地傳達給被讚美者本人，因為只有這樣，我們的努力才會有效果。所以，我們應該有意地尋找那些和讚美對象關係密切的人「傾訴」，如果我們的「聽眾」與被讚美者一點關係也沒有，那麼我們的努力就會付諸東流。

除此之外，聽者即便與被讚美者關係密切，也並非每一個人都有這樣的習慣或是機會把這些讚美之詞傳達給對方。因此，我們應該盡可能地擴大「宣傳範圍」，在各種不同類型的人面前說對方的好話，這樣才能保證其中有一部分人會有「傳聲筒」的作用。

## *24.* 站在對手的肩膀上

一個人的能力是極其有限的，因此想做成大事，就必須依靠外界的資源；同樣的道理，當我們與別人辯論的時候，也可以借助對手的力量幫助自己贏得勝利。

也許你會問：辯論雙方是站在截然相反的立場上，對方怎麼可能為我所用呢？其實在很多情況下，對方的某一種觀點都可能對你有利，你只要對他的這一觀點予以肯定，就可以毫不費力地「竊取」對方的成果了。

當我們與他人爭論不休的時候，與其互相「攻擊」，倒不如從對方的言語中找出對自己有利的部分，從而為自己創造更大的發展空間。這不但有利於我們在爭論中獲勝，更重要的是，這樣可以避免雙方的關係往不良方向發展。畢竟，人際關係和諧很重要，我們應該盡力去維護而不是破壞它。

這種「借力使力」的策略並不僅僅應用於論辯方面，如果你細心觀察

就會發現，我們在日常工作、生活中也會經常用到。比如說公司召開會議，老闆要大家針對某一問題獻計獻策，如果你的同事提出了一個好點子，你就可以站在他的「肩膀」上說出你自己的想法：「我很贊同他的看法，另外，如果我們這樣做，還會有更大的收益。」也許你所說的「這樣做」只是一個小問題，根本無足輕重，但是由於你是在對方的基礎之上提出這一觀點的，你的整體高度就會勝人一籌，你的提議自然更容易得到老闆的重視。

生活中類似的情況不勝枚舉，我們應該時刻注意借助他人的力量增強自己說話的效果。請記住：借助外力使自己走向成功，才是智者的風範。

## 25. 用冠冕堂皇的理由為自己製造聲勢

很多人都有過這樣的經歷：自己的想法或主張明明是正確的、可行的，可是卻得不到別人的認同；即使你說得再動聽，反對者依然會用一些冠冕堂皇的理由來反駁你。遇到這種情況，你如果繼續透過分析利弊來說服對方，肯定不會有太好的效果，因為人家根本就是有意為難你。這時，你就應該以同樣的辦法回應對手 —— 用更加冠冕堂皇的理由為自己製造聲勢。

中國古代有很多傑出的改革家，宋代的王安石就是其中之一。古人歷來重視祖宗的權威地位，認為祖宗定下的法律不能輕易變更，這實際上是會阻礙社會進步的。王安石為了表示變法的決心，曾公開宣布：祖宗定下的規矩不必完全效法。儘管這說得沒錯，但是在當時，這種做法卻違背了社會倫理觀念。於是，很多人都以不忠不孝為理由反對王安石，他的變法計畫也隨之宣告失敗。

同樣是改革家，明代的張居正在變法過程中卻為自己製造了非常有利的環境。

張居正改革的核心任務之一就是對官員進行考核，他深知，改革就等於對祖制予以否認，這樣很容易遭到別人的攻擊。為了使大家能夠接受改革方案，張居正把明朝第一位皇帝 —— 朱元璋搬了出來。當初朱元璋曾對官員有著嚴格的規定：官員任滿三年就要考核一次；官員如果犯有貪汙罪，還要處以最嚴酷的刑罰。由於朱元璋的規定與張居正現在的改革方案有很多相同之處，因此張居正就以「恢復祖制」為藉口進行改革，這樣一來，就沒人敢對這次改革指手畫腳了，因為「恢復祖制」是被整個社會認可的行為，誰也沒有理由說這樣做不好。

人是具有社會屬性的，每個人的思想觀念都不可避免地會受到社會價值體系、道德評判的影響，如果我們能夠將這些主流文化觀念與自己的觀點結合起來，就可以在與人來往的過程中為自己製造聲勢，從而使自己的觀點得到大家的認可。

愛普森是公司行政部門的職員，有一次，公司內部要舉辦一場球賽，由各個部門自行組隊。當時，很多部門都購置了球衣，而行政部門總監則認為，一場業餘比賽沒必要搞得那麼正式，因此就沒有買統一的服裝。

當時，行政部門的很多職員都提出了異議：「別的部門都有球衣，為什麼我們不買呢？」總監的回答很簡單：「別的部門是別的部門，行政部門是行政部門，為什麼一定要學人家呢？」大家聽了總監的回答，都很沮喪，也沒有更好的辦法說服他。

愛普森也希望有統一的服裝，可是他知道總監的性格，因此沒有「硬碰硬」，而是一直尋找機會用「聲勢」來壓倒對方。

有一次會議即將結束的時候，行政總監問大家對工作還有哪些看法，當時就有人提出了球賽的事，很多人都再次表示希望總監能夠考慮買球衣。可是總監堅持己見，沒有絲毫讓步。這時愛普森發言了：「尊敬的總監，我覺得從很多方面來講，我們都有必要為我們的運動員購買統一的服裝。第一，我們是整個公司的門面，平時我們最注重儀表，到了比賽的時候怎麼能掉隊呢？第二，我們的企業文化理念中有一條是要展現出整齊的企業風貌，如果我們服裝各異，不就背離了企業文化嗎？第三，銷售、企劃等部門一向驕傲自大，認為他們才是公司的希望，從不把我們放在眼裡，如果我們穿得很隨意，又會讓他們嘲笑的……」

愛普森的話還沒說完，同事們就開始議論起來，大家都說有道理，於是再次請求總監批准為隊員購買球衣。對於愛普森的話，總監實在沒有辦法反駁，因為他一旦否定愛普森的觀點，就等於否定了企業文化、部門的形象與地位。於是，總監只好答應了大家的請求。

由此可見，製造聲勢是說服別人的有效方法。當你用常規方式說服不了對方時，不妨學習一下上面的兩個例子，從社會文化、集體文化的角度來宣揚你的觀點，為自己製造強而有力的聲勢，這樣就可以讓所有反對你的人無話可說。

## 26. 雙贏才是真贏

每個人都有一定的利己傾向，凡是對自己有利的，我們就願意去做（當然，是否真正去做還要受其他條件的制約）；凡是對自己不利或是與自身利益沒有關聯的，我們就不願意去理會。正因為人們都或多或少地存在這種心理，因此我們在向別人尋求合作、幫助時，就一定要考慮對方的利

益，而不能一味地強調自己的利益。

邱吉爾有一句名言：「世界上沒有永遠的敵人，沒有永遠的朋友，只有永遠的利益。」第二次世界大戰以前，老牌資本主義國家英國和社會主義陣營的蘇聯簡直勢不兩立。可是戰爭爆發以後，雙方還是為了反法西斯的共同目的合作。「二戰」結束以後，這兩個國家馬上又開始對抗。邱吉爾的這句話就是對兩國關係的真實寫照。

國家與國家之間的合作源於雙方的共同利益，同樣的道理，人與人之間的合作也是靠利益來維繫的。利益是人與人之間合作的紐帶，只有把自己的利益與他人的利益捆綁在一起，才能得到對方的幫助。所以請你記住，在求人幫忙時，不要說事成之後「我」會有怎樣的好處，而要說事成之後「我們」會有怎樣的好處。

## 27. 難得糊塗的真諦

在語言的戰場上，每個人都極力想表現出自己強勢的一面，都企圖透過伶牙俐齒來戰勝對手。不過，「條條大路通羅馬」，有時候你用裝傻的方法，反而可以更好地實現自己的目標。

美國第 28 任總統伍德羅‧威爾遜（Thomas Woodrow Wilson）在擔任紐澤西州州長的時候，接到來自華盛頓的電話，說他的一位好朋友 —— 代表紐澤西州的議員去世了。聽到這一消息，威爾遜深感悲痛，於是取消了當天的一切活動。

過了一會，紐澤西州一位政客打電話來，支支吾吾地說道：「尊敬的州長……我、我希望能夠代替那位議員的位置，可以嗎？」「那好吧，」威爾遜聲音低沉地說，「如果殯儀館同意的話，我本人沒有任何異議。」

　　顯而易見，那位政客是想代替已故議員的政治地位，威爾遜對此自然是心知肚明。可是，威爾遜並沒有直接施展自己的口才予以反擊，而是故意裝傻，非常「弱智」地把政客的話理解為「代替死者躺下的位置」，這樣就使那位熱衷於權力的政客得到了應有的嘲弄。

　　使用這種方法的時候，我們一定要注意使自己保持嚴肅，給人正經的感覺，這樣既可以增強表達效果，又可以避免被對方記恨。如果你語調輕浮，流露出開玩笑的意味，那麼對方就會明白你是在明目張膽地嘲弄他，這樣一來，你們之間恐怕就要發生一場大戰了。

　　有個人拿著一疊詩稿來到雜誌社，希望編輯發表他的作品。編輯仔細看過以後問道：「這幾首詩都是你自己寫的嗎？」那個人答道：「沒錯，每個字都是我精心思索的。」編輯驚叫道：「哦，赫曼‧赫塞（Hermann Hesse）先生，見到您真是我的榮幸！我一直以為『德國浪漫派的最後一位騎士』已經離開人世了呢！」

　　這位編輯的裝傻也很巧妙，他沒有直接說「你的詩是抄襲的」，而是故意說出「瘋話」，對抄襲者進行了辛辣的挖苦。可是這位編輯有一點做得並不好，那就是在說話的時候已經流露出了嘲諷的神情，這使得抄襲者深感恥辱。於是那位抄襲者生氣地站起來，對編輯道：「有話就直說！」說完怒氣沖沖而去。

　　可見，我們在裝傻的時候，一定要給人真實的感覺，使自己看上去就好像真的很「痴呆」一樣，這樣才能減少那些不必要的麻煩。

　　哲學家、思想家老子曾經說過：「大智若愚。」這句話的深刻內涵從上面幾個故事當中就可以看出來。所以我們應該了解到這一點：真正有智慧的人不一定表現得聰明伶俐，有時候讓自己「傻」一點，更有助於我們成功。

## 28. 化險為夷有妙方

世界上有很多事都是無法預料的，誰都不敢保證自己不會遇到諸如搶劫、襲擊之類的突發事件。當我們面對歹徒的時候，我們自然可以用武力擊敗對方，但是如果你的力量不夠強大，這樣做只能讓對方更加瘋狂，後果也不堪設想。

在遇到這種緊急情況的時候，我們該怎麼做才能保證自己的安全呢？事實上，高明的人用語言就可以將危機化解掉。

當歹徒想傷害你時，你強行反抗是徒勞的 —— 無論是動口還是動手都是如此。理直氣壯地指責歹徒，只能讓一些膽小者退卻，而面對那些純粹的惡魔，你的反抗只能讓你死得更慘。

面對歹徒，比較明智的方法是順應對方的意圖，在你和對方保持某種「一致」的情況下用語言吸引對方，從而轉移他對你的注意力，這樣一來你就有了逃生的希望。有的時候，你甚至可以透過語言干擾對方，讓歹徒「忘記」自己的初衷。

一天，馬蒂爾德小姐正在屋子裡看電視，突然傳來了一陣敲門聲，馬蒂爾德趕緊出去開門。門一打開，馬蒂爾德就看到一個手持菜刀的男子正惡狠狠地盯著自己。

馬蒂爾德心裡不禁一顫，她知道，面前站著的一定是個歹徒，而自己只是一名弱女子，根本無力反抗。這時她靈機一動，微笑著對男子說：「哦，先生，你一定是賣菜刀的吧？剛才嚇了我一跳。我家裡正好缺一把菜刀，你來得太及時了！」馬蒂爾德說著就請男子進屋，不等男子開口，又說道：「你很像我過去的一位好心的鄰居，很高興認識你。你是想喝茶還是想喝咖啡……」經過馬蒂爾德的這番「轉移」，剛才還帶著殺氣的男子

漸漸平和下來，搶劫的念頭一下子消失得無影無蹤。

最後，馬蒂爾德真的買下了菜刀，那名男子拿著錢，臨走的時候還說了一句：「小姐，你會改變我一生的！」

一場即將發生的災難，就這樣被馬蒂爾德化解了，歹徒本人也因此對人生有了新的啟發。促成這一結果的關鍵就在於，馬蒂爾德先成功地轉移了歹徒的注意力，然後又用溫情來感化他，從而贏得了這場心靈的較量。

類似的事件每天都在發生，如果我們能化解危機，是再好不過的了。用語言來換回生命，這也許是我們培養口才的最高價值展現。

第四章
立身原則要堅定

夫妻兩人吵架，越吵越凶，馬上要演變為武力相向了。如何阻止這種狀況，同時還能堅定自己的立場呢？這時，丈夫急得連忙往床底下鑽。妻子一時抓不到丈夫，便氣勢洶洶地吼道：「你給我出來！」鑽在床底下的丈夫神氣地說：「男子漢大丈夫，說話算數 —— 我說『不出來』就不出來！」丈夫用他行動堅定了自己的立場，雖然這一行動讓人啼笑皆非，但也不失為一個解決問題的好方法。

在觸及到自己說話、辦事的原則時一定要立場堅定，言行一致，才有說服力。但是堅持原則也要講究方法。在說話時要堅定自己的立場也要有一定的技術，不是隨隨便便就能做到的。你必須掌握好立場，還要考慮如何才能堅定這個立場。所以，用語言和行動來堅定自己的立場也是一門極深的藝術學問。

## 1. 拒絕也要講究藝術

朋友之間互相幫助是應該的，可是畢竟我們每個人的能力都是有限的，並非什麼忙都能幫得上，所以有些時候，我們不得不對前來請求幫助的朋友說一聲：「對不起，我幫不了你。」

這話說起來雖然簡單，但是想讓事情的結局朝著好的方向發展也並不是一件容易的事，你的朋友很有可能因為你的拒絕而對你產生不滿，你們之間的關係就會出現裂痕。那麼，我們應該怎樣做才能既不影響人際關係，同時又能讓自己從這些根本辦不到的事情當中解脫出來呢？

當朋友向你提出某種請求的時候，你首先應該問清楚他的目的，如果對方要做的事是正當的、積極的，你自然可以根據自身條件予以幫助；可如果這件事是不正當的，或是超出了你的能力範圍，你就應該果斷地加以拒絕。

當你拒絕朋友的時候，態度一定要明確，可以說「對不起，我實在愛莫能助」或「這件事我真的沒有辦法答應你」等。假如你模稜兩可，就很難從這件麻煩事中解脫出來。

張伯倫這個人平時很愛面子，朋友找他辦事他總是義不容辭地答應，即使有些事他辦不到，他還是要說「讓我試一試」、「我再想想辦法」之類的話。

有一次，他的朋友威爾遜求他幫忙聯繫一家裝潢公司，為自己的新房子裝修一番。張伯倫對這方面了解得很少，再加上最近工作比較忙，因而打算拒絕這位朋友。可是他怕這樣做會留下不好的印象，於是在說明自己的難處之後補充了一句：「我先試一試吧！」結果，威爾遜以為張伯倫真的能夠做到這件事，就很高興地離開了。

過了幾天，威爾遜打電話問事情辦得怎麼樣了，這時張伯倫大吃一驚，他沒想到一句推脫的話竟然被當真。可是為了面子，他不得不說：「我打聽了兩家，都很一般，今天我再聯繫一家，明天給你消息。」然後他就四處找人諮詢裝修的事，耽誤了一整天的工作時間才把這件事解決掉。

由此可見，拒絕朋友時態度一定要明確，不要給對方錯覺，否則會為你帶來麻煩。當然，態度明確並不意味著嚴肅，說話的語氣一定要柔和，這樣才不會傷害對方。

世界上的事物總是相對的，當你拒絕對方的時候，對方也會絞盡腦汁想讓你答應。當你拒絕朋友之後，對方可能會對你進行指責，這個時候，為了維護你們之間的關係，你最好耐心地接受。尤其是當對方用「激將法」刺激你的時候，你要避免意氣用事。比如對方說：「我就知道你能力有限，看來果然如此。」這時，你不妨順勢承認自己「做不到」，這樣一來他

就無話可說了。

　　上面所說的是拒絕朋友的一些基本原則，對於多數人來說都很適用。但是對於很多人來說，當面拒絕朋友確實是一件很麻煩的事，有些話你原本已經醞釀了很久，可是看到朋友站在自己面前，又難以說出口，這該怎麼辦呢？

　　遇到這種情況，你可以借助電話來解決。對朋友說：「你先回去，我好好考慮一下，然後再給你答覆。」然後，你打電話，把你的想法告訴他。這樣一來，你不但可以拒絕對方，而且還避免了當面開口的尷尬。

　　總之，拒絕朋友也是一門學問，如果你能熟練掌握這些基本技巧，你就可以為自己減少很多不必要的麻煩。

## 2. 錢，好借，也可以好還

　　有一次，作家劉墉去拜訪一位德高望重的教授，恰巧遇上教授的一位朋友去還錢。那個人離開以後，教授拿著錢自言自語道：「失而復得的錢，失而復得的朋友。」劉墉聽了教授的話很是不解，問他是什麼意思。

　　教授解釋道：「我把錢借出去，從來就沒有指望他們歸還。我是這樣想的：如果他們因為沒錢而無法償還，一定不好意思來；如果他們手裡有錢卻想賴帳，就更不好意思來了，等於說我花錢認清了一個壞朋友。我把錢借出去以後從來不去催討，以免傷了和氣，因此在借錢時，我總有一種既借出錢又借出朋友的感覺；而當他們把錢還回來時，我就有一種金錢和朋友都失而復得的感覺。」

　　從某種意義上說，這位教授的話簡直是至理名言！朋友之間借錢是難免的，可是借錢容易，還錢卻很難。你的朋友往往會因為這樣或那樣的原

因不能如期還錢，你如果不去追討，就只能自己吃虧；可如果你追討的方式不當，則可能影響你與朋友之間的友誼。那麼，我們應該怎麼做才能在追討的同時不傷害朋友的感情呢？原則只有一個：讓你的朋友知道，你比他更需要這筆錢！

卡瓦納是一名公務員，有著穩定的收入，他的生活相當優渥，但也算不上大富大貴。有一次，他的一個朋友向他借錢準備買車，卡瓦納慷慨地答應了他。他的朋友拿到錢以後承諾，他會在兩年內分期把錢還清。可是到了規定的期限，朋友只償還了三分之一，而此時卡瓦納家裡很需要錢，於是他硬著頭皮去向朋友要錢。

為了順利把錢要回來，卡瓦納精心編造了一個理由。他對朋友說：「其實原本我是不需要那筆錢的，可是我的侄子要到英國留學，需要一大筆錢。你知道的，我的哥哥很早就去世了，他臨死之前把兒子託付給我……我對待這個侄子就像對待自己的親生兒子一樣，所以……」聽到這裡，他的朋友知道卡瓦納確實很需要錢，於是就沒有辦法繼續拖延了。就這樣，卡瓦納順利地要回了欠款。

當我們向人要錢時，也應該向卡瓦納一樣，為自己準備一個合適的理由，使對方不得不把錢還給你。也許你會說：「沒這個必要吧，我只要隨便找個理由就行了。」隨便找個理由當然也會把錢要回來，但是如果你的理由沒有說服力，你的朋友必然會覺得你「不夠朋友」。比如說你的朋友向你借錢做生意，你如果在人家事業剛剛起步的時候就以「我要去拉斯維加斯賭博」為藉口要回這筆錢，對方一定會認為你是在故意刁難。而如果你說自己的父親患了重病需要大筆醫藥費，即使你沒有主動提出讓他還錢，他也會把錢交到你手上的，因為他知道，你比他更需要這筆錢。

有些聰明的人甚至在把錢借出去的時候就已經為日後要錢找到了理由。當朋友向你借錢時，你可以對他說諸如此類的話：「這筆錢你先拿去，我現在不急著用。只要明年我家買新房子的時候你能還清就可以了。」如果到了期限對方仍未還錢，你就可以把當初的理由重新拿出來，這樣就可以使你的理由更加可信。

有時候，你甚至可以假藉別人的身分。

卡瓦納鄰居家的房子因老化而急需翻修，這位鄰居一時難以籌集資金，於是就向卡瓦納求援。卡瓦納對鄰居說：「哦，真不湊巧，我的錢在股市裡了。不過我有一位特別要好的朋友，我可以去找他幫幫忙。」

第二天，卡瓦納把錢交給了鄰居，鄰居高高興興地走了。

過了一段時間，卡瓦納覺得是時候要回欠款了，於是他來到鄰居家裡，對他說：「昨天我的那位朋友打電話給我，說他準備投資，需要那筆錢。如果方便的話，你看是不是……」鄰居明白了卡瓦納的意思，於是把家裡為數不多的存款拿了出來，償還了全部債務。

事實上，卡瓦納借給鄰居的錢都是他自己的，他之所以說錢是從朋友那裡借來的，就是為了讓對方知道：並不是我向你要錢，而是我的朋友急需錢。得到了這樣的提示，再不通情理的人也不會賴帳的。

## 3. 恰當拒絕孩子的不合理要求

做父母的大概都有這樣的感受：跟孩子打交道有時比跟大人打交道還要費心。儘管小孩子不像大人那樣思想複雜，但正是由於他們單純、不懂事，才給父母造成很多麻煩。其中最令父母頭疼的問題，莫過於孩子提出的種種不合理要求。

　　再多吃一盒冰淇淋，再多看一集卡通，再多玩一會遊戲，再多聽一個故事⋯⋯孩子們如此沒完沒了的「無理要求」，總是令父母為難。答應吧，可能會對孩子的正常生活造成負面影響；不答應吧，孩子又會大哭大鬧。很多父母在這兩難之間總是猶豫不決，不知道該怎麼辦，最後往往在心煩意亂的時候隨便應付一下、或者答應孩子的要求、或者不顧孩子的哭鬧，嚴厲地拒絕他。

　　其實，上述兩種處理方式都不是很恰當。我們先來看看第一種方式，如果你答應了孩子的無理要求，只會使孩子今後的要求越來越過分。今天他要吃一塊巧克力，你滿足了他，他就會認為父母很「軟弱」，下次只要再發脾氣或是撒嬌就會得到更多的巧克力。這樣一來，即使你下次態度堅定地拒絕他，他也不會被你的威嚴所嚇倒，反而會變本加厲地要這要那，到了那時，你就很難收場了。

　　第二種方式雖然可以遏制孩子的「貪慾」，但是過於嚴厲會使孩子對你產生畏懼心理。想想看，父母在孩子眼中竟然是「惡人」的形象，這該多麼不利於父母與孩子之間感情的發展！

　　既然這兩種方法都有缺點，那麼究竟有沒有兩全其美的辦法呢？

　　其實辦法是有的，重點在能不能做到。

　　當孩子對你提出某種要求時，你首先應該親切地詢問：「你為什麼要這麼做？」如果他回答得有理有據，你自然可以答應他，可是如果他沒有合適的理由，你就應該巧妙地加以拒絕了。這種辦法看似簡單，可是會在很大程度上減少孩子提出的不合理要求，因為當你問他理由的時候，等於向他出了個難題，孩子為了不替自己找麻煩，就不會肆無忌憚地向你要求了。

有時候孩子提出的要求是合理的，但是合理的東西超過一定限度也會變得不合理。遇到這種情況，你首先應該亮出自己的底線，讓孩子清楚地了解到你最多能滿足他何種程度的要求。

鮑勃是一位教師，他對待孩子就很有原則。有一次，他帶著 5 歲的兒子到迪士尼樂園遊玩。天快黑了，鮑勃準備帶兒子回家，可是小鮑勃卻賴著不肯走，說要再玩一會。鮑勃沒有辦法，就對兒子說：「你可以再玩一會，不過你記住，只能 15 分鐘，15 分鐘後，我們必須回家，懂嗎？」小鮑勃點了點頭，繼續玩了起來。

15 分鐘過後，鮑勃要帶兒子走，可是小鮑勃還想耍賴，於是鮑勃把手錶伸到兒子面前，對他說：「你看，現在時間已到，我們必須回家。這可是我們剛才說好的。」於是，小鮑勃只好跟著父親回家。

在日常生活中，類似的情況經常出現。我們與其給孩子一塊巧克力，然後妥協再給他一塊，還不如一開始就告訴他：「你可以吃兩塊巧克力。」如果你在孩子面前妥協，那無異於鼓勵孩子用糾纏的方式達到目的。所以，在面對孩子的無理要求時，你一定要讓孩子知道自己的底線，這樣才有助於在孩子面前樹立威信。

不過，在孩子身上什麼樣的情況都有可能發生，他們一旦因為要求被拒絕而耍起小孩子脾氣，總是令父母難以招架。這個時候，我們絕不能讓步，而是要表現出父母應有的嚴肅，告訴他們不聽話的後果是什麼，比如說不聽話就不許看電視、不許吃零食、一週之內不許去遊樂場等。一般來說，小孩子遭到這樣的「威脅」以後總會乖乖聽話的。

總而言之，在面對孩子的不合理要求的時候，做父母的既不能妥協，也不能以簡單粗暴的方式對待，而要嚴肅而不失和藹的態度去規範孩子們的行為，這才是解決問題的理想方法。

## **4.** 拒絕他人也可以借助「工具」

拒絕他人靠的是一張嘴，可是有時候，單靠一張嘴並不能有效地達到拒絕對方的目的，因為拒絕別人需要充足的理由，而我們在交談的瞬間很難為自己找到一個合適的藉口。那麼我們該怎麼辦呢？

事實上，我們無論做任何事情，都是與環境緊密相連的，儘管我們自身有這樣或那樣的不足，但只要我們認真觀察、深入挖掘，總是可以在環境中找到有利於自己的元素。舉個例子，假如你遇到獅子，面對凶猛異常的獅子，赤手空拳的你肯定處於下風。可是，你是人類，你懂得使用工具，因此你可以從地上或別的地方撿起石頭、棍棒之類的武器反擊。你還可以利用空間環境與獅子周旋，比如轉圈、鑽進只能容納你身體的洞穴等。總而言之，你可以利用周圍的環境增強自己的實力，以此來對付強大的猛獸。

拒絕別人就好像與猛獸搏鬥一樣，有時單靠自己的思維是很難取勝的，這個時候，我們就應該從周圍的環境中尋找可以利用的「工具」，從而幫助自己擺脫對方的糾纏。

這種拒絕可以讓你的理由變得真實、自然，既不會傷害對方的自尊心，又可以讓對方知難而退，實在是個兩全其美的好辦法。

在日常生活中，我們可以經常用到這種方法。比如說你在服裝店裡遇到了一位熟人。他想要請你吃飯，可是你又不想去。為了維護對方的面子，你可以說自己是在幫一個好朋友買衣服，必須盡快送過去，因為人家晚上要參加一個派對；你也可以假裝察看當天的行程安排，不管你看到了什麼，你都可以驚叫道：「哦！我差點忘了今天有一個重要的約會！看來今天我無法與你共進午餐了，不過還是很感謝你的邀請！」這樣一來，你

就可以堂而皇之地拒絕對方了。

由此可見，我們身邊的事物也可以為我們的交際提供許多便利條件。只要我們細心觀察、深入挖掘，就一定能夠找到適合自己的「工具」。

## 5. 巧妙迴避對手的鋒芒

在一些特殊的場合（例如談判），總是免不了受到他人的語言「攻擊」，或是被問及一些難以回答的問題，或是遇到帶有明顯挑釁意味的話語，如果回答不好，不但會威名掃地，有時候甚至還會影響到整個組織的利益。

面對對方咄咄逼人的攻勢，我們當然不能置之不理，否則就會有失「大將風度」。可是，我們該如何回答這些問題呢？

想要解決這些問題，有一個原則需要我們牢記，那就是避開對手的鋒芒，將對方凌厲的攻勢在瞬間化解掉。

迴避對手的鋒芒，關鍵在於將對手所提的問題轉移到其他方面，這需要你有足夠的聯想能力。聯想，可以是邏輯上的，也可以是形象上的，如果運用得當的話，不但可以避開那些令人感到窘迫的話題，還可以引出自己對另一問題的觀點。

其實，這樣的說話技巧不僅可以大量應用於外交場合，日常生活中也可以用到。

在生活中，我們常常會遇到難堪的情況，只要我們多加聯想，就可以巧妙地迴避問題中所隱含的鋒芒。當然，想真正能做到這一點，還需要我們平時多累積、多觀察、多動腦，這樣才能在必要的時候快速做出回答。

## 6. 用幽默也可以表達不滿

當人們對某一件事感到不滿的時候，常常會以抱怨、反駁甚至批評的方式來宣洩自己的情緒，這本來很正常。可是，有時候採用這種辦法來表達不滿未免有失體面。為此，很多人——尤其是社會名流——都傾向於用幽默的方式委婉地傳達自己的意願，這樣既可以提出自己的看法，同時又保持了自己的風度。

作家錢鍾書先生的長篇小說《圍城》面世後，引起了轟動，很多國家的記者都想見見他，可是都被這位甘於平淡的文學大師婉拒了。

有一天，一位英國女士打來了電話，說自己非常喜歡《圍城》，並且想見錢先生。錢鍾書起初拒絕，可是這位女士卻「不依不饒」，一再要求見面。最後，錢鍾書實在沒有辦法了，於是用他慣用的幽默語言來回應這位女士：「假如你吃了一個雞蛋覺得不錯，你認為有必要去認識那隻下蛋的母雞嗎？」那位女士聽了以後也笑了，於是就沒有再「騷擾」他。

假如當時錢鍾書用強硬的態度拒絕對方的話，那麼自身的形象勢必會受到影響，而且在對方看來，這位所謂的文學大師不過是善於寫東西而不善於說話。可是，聰明的錢鍾書卻出人意料地把《圍城》這部作品比作雞蛋，把自己比作母雞，藉以告訴那位女士：讀者的任務是閱讀作品，至於認不認識作者，是無關緊要的事。他用這種幽默的比喻表達了自己的看法，對方也被他高超的語言技巧所征服。

在我們身邊，經常會出現這種令人無法容忍的事情。如果你直截了當地發洩內心的不滿，你也許會感到很好受，可是這樣做極有可能傷害對方的自尊。為了維護尊嚴，對方不可能向你「屈服」，只會以更加粗暴的態度來對待你。

幽默並非友好交流的「專利」，在適當的條件下用幽默的方式來回應自己的對手，更能發揮它的作用。幽默不在於長篇大論，只要足夠巧妙就夠了，只要對方不想吃苦頭，就會主動收斂，甚至和你「化敵為友」，這正是我們在人際關係中所追求的主要目標之一。

## 7. 轉移話題也是一種拒絕

人們在交談的過程中，時常會因為談及敏感、嚴肅的話題而使局面陷入尷尬。也有的時候，你可能會遇到喋喋不休的人，講起話來沒完沒了，使你無法忍受。遇到這種情況，我們該怎麼辦呢？繼續維持現狀固然容易，可是這樣會降低交談的品質，我們應該憑藉自己的智慧去轉移話題，這樣才能使整個談話往好的方向發展。

在我們平時交談的時候，常見造成人們爭執不休的「元凶」並非是雙方意見的分歧，而是爭「面子」的心理在作祟。爭論雙方不願意繼續爭執下去，可是為了顏面，又不得不各執一端，從而使得爭論不斷升級。遇到這種情況，會打圓場的人往往會故意曲解雙方的話語的含義，替雙方找個臺階下，或是在適當的時候插嘴，把雙方的注意力轉移到別處，或是根據雙方談話的內容開個玩笑，使大家從爭論時的不愉快情緒中解脫。

除此之外，談話中最讓人難以忍受的情況恐怕就是你根本不想聽，可是對方卻說個不停。如果你認為話題沒有繼續的必要，或者自己還有別的事要做，不能在說話上耽誤時間，你就需要轉移或結束話題了。不過，如果這件事處理不好，很容易讓對方陷入尷尬。那麼，我們該怎麼做才能兩全其美呢？

你可以嘗試使用誘導性話語來轉移話題。在對方說話的間隙，你應該

及時地插話，向對方表示他所說的都很有道理，你打算以後找個時間與他另外探討這些問題，而現在，你想跟他談談別的事。對方聽你這麼說，自然而然就會停止對這一話題的談論，順著你的思路去談其他事情。你還可以在談話之中將話題延伸到其他方面，比如說你們在談及奧運時，可以把話題轉移到奧運起源上，再進一步轉移到古希臘歷史。

如果你想盡快結束談話，可以趁對方停頓之際，及時表態。比如你可以對他說自己受益匪淺、希望下次再聊等等。一般來說，當對方看到自己說話的目的已經達到之後，就會主動起身告辭。如果他沒有結束談話的意思，你再說自己還有別的事，等事情辦完以後一定會登門拜訪，這樣對方就不能再說下去了。

當然，轉移話題是需要一定技術的，絕不能隨心所欲。如果你轉移的話題過於突兀、跟原來談話內容毫不相關，那麼對方就會認為你這是故意為之。另外，轉移話題還需要高超的語言技巧，這樣才能有助於你將相距甚遠的兩個話題連在一起，從而順利完成話題的轉換。

## 8. 學會用「硬性規定」來拒絕他人

儘管拒絕別人是我們的權利，可是有些時候，別人的請求的確令我們難以拒絕。因為每個人都是有尊嚴的，你在拒絕他人的時候，既要避免傷害對方的自尊心，也要保持自己的紳士形象，同時還要讓對方知道，你是不得已才拒絕他的。這樣一來，拒絕的難度就大大增加了，很多具有「紳士氣質」的人因此答應了原本並不想答應的請求，自己卻吃了不少苦頭。

有時候我們可以用一些「硬性規定」作為拒絕別人的藉口，不但可以讓自己「脫身」，還可以讓對手失去繼續「糾纏」的理由。當然，運用這種

方法時，一定要確保你所說的「硬性規定」是真實可靠的，這樣才能讓對方覺得你確實是出於無奈，而不是在敷衍人家。

我們在日常生活中，可以經常用到這種方法。比如說有人想約你聊天，你可以推說自己要趕飛機，或是公司開會走不開，對方如果通情達理的話，一定不會為難你的。

當然，用「硬性規定」來拒絕別人是有一定條件的，最重要的一點就是要讓對方信服。假如你拿不出可靠的「硬性規定」，你就不要採取這種方法，否則對方一定會覺得你是在應付他。

## 9. 將錯誤進行到底

知錯能改，向來被人們認為是良好的行為習慣。當我們在公開場合由於言行不慎而犯下錯誤以後，及時糾正自己的錯誤固然很好，可是有些時候，錯話一旦出口，就會使自己陷入萬分尷尬的境地，即使你態度誠懇地糾正自己的錯誤，也難免會讓一些人嘲笑你。相反，有時候如果你能夠將說錯的話續接下去，使你的錯誤看似合理，那麼別人就會認為你的失誤是有意為之的，他們不但不會因為你說錯話而冷嘲熱諷，相反，還會覺得你智慧過人。

在一次婚宴上，客人們紛紛向新婚夫婦表達自己的祝福。其中一位先生滿懷深情地說道：「走過戀愛的季節，迎來婚姻的旅途。兩個人的感情世界需要經常潤滑，你們現在就像是一對舊機器……」這位先生原本想說「新機器」，可是一不小心卻說成了「舊機器」，在場的賓客一片唏噓，這對夫婦的心裡也很不舒服，覺得這位先生的話暗含諷刺。

這位先生的本意是想說這對新婚夫婦就像新機器一樣，需要經常潤

滑，這樣才能減少摩擦，使生活過得更加美滿。沒想到，自己只說錯了一個字，意思就全變了。此時，他如果把已經說出口的話糾正過來，反而不美，於是，他索性將錯就錯，不慌不忙地接著說下去：「已過了磨合期。祝你們這對相識多年的戀人婚後生活幸福！」這句話一出口，大家才明白「舊機器」是怎麼回事。原來，「舊機器」指的是他們多年的交往啊！於是，大家原本不滿的情緒瞬間消失得無影無蹤，轉而以熱烈的掌聲回報這位先生精彩的祝福。

在婚禮這種喜慶的場合，一不小心說出掃興的話的確是很尷尬的事。而這位先生巧妙地把錯誤進行到底，同時轉換了語境，使錯誤的語言變成了深情的祝福，實在令人佩服。

你看，在這種情況下，將錯就錯是不是比承認錯誤的效果更好呢？

在社交場合，將錯就錯的補救措施不僅可以幫你迅速、徹底地擺脫尷尬，而且可以避免因主動承認錯誤而暴露出「態度不堅決」的弱點。不過話又說回來，這種方法如果使用不當，就會讓人覺得你在「強詞奪理」，效果反而不好。所以，我們在說錯話以後，一定要考慮清楚利弊，然後再決定是否運用這種方法。

## 10. 難以回答的問題，讓對方去回答

有時候，別人會向你提出一些根本無法回答或是不能輕易回答的問題，可是由於環境的原因，你又不得不面對這樣的問題，這時你該怎麼辦呢？

解決這樣的問題有很多種辦法，其中比較有效的一種方法就是把這個問題推給提問者，看他如何解決。如果提問者本人都解決不了的話，你就沒有必要回答了。

這種把問題推給提問者的辦法，在美國政治家季辛吉（Henry Kissinger）那裡得到了完美的運用。

1972 年，時任國家安全顧問的季辛吉前往莫斯科參加美國和蘇聯舉行的高峰會議。在接受記者採訪時，季辛吉被問及一個問題：「美國現在有多少潛艇導彈？」

季辛吉答道：「我的為難之處在於，我雖然知道數目，可是並不知道它們是否是保密的。」

記者說：「不是保密的。」

於是季辛吉反問道：「真的不是保密的嗎？既然這樣，請你告訴我有多少？」

起初，記者以為季辛吉會在非保密的狀態下把武器數目公之於眾，於是就說「不是保密的」。可是他們萬萬沒有想到，季辛吉竟然會把這個問題丟回來，而且合情合理：既然你們這些消息靈通的記者都說消息不是保密的了，那你們應該知道具體數目是多少，又何必來問我呢？

從上面幾個例子可以看出，把問題交給提問者回答確實是一個高明的辦法。當然，這種策略只能在一些特殊情況下使用，至於具體怎麼用，那就要視情況而定了。

## 11. 事實勝於雄辯

人們常說：「事實勝於雄辯。」一千句巧妙的辯解也抵不過一句真話，因此我們在與人辯論的時候應該注意用已有的事實為依據，這樣才會更有說服力。另外，用事實說話還有一個好處，那就是不必有太高的技巧，只要能把事實陳述出來就能產生效果，因此這種方法幾乎人人可用。

用事實說話固然不需要太多技巧，但是如何選擇「事實」卻是有需要技術的。一般來說，能讓對方信服的「事實」都是那些客觀存在的、眾所周知的、與個人主觀關係不大的事物，比如地球上有五大洋、加拿大的首都是渥太華等等。這些就是客觀存在、多數人所知曉的，並且是固定不變的，任何人都不能隨意否認。

不過，有些事物就不大一樣了。這個世界上有很多未解之謎，你如果拿未解的「事實」說話，就很難達到效果。比如說，你認為人類是可以穿過「蟲洞」到達另外一個遙遠的宇宙空間，而你的朋友卻認為根本沒有「蟲洞」這種東西。遇到這種情況，即使你拿出最權威的科學報告來證明自己的觀點也不是十分恰當，因為學術界本身就沒有定論。

另外，有些事物的評判標準是不一致的，每個人都有自己與眾不同的看法，如果你拿某位名人的觀點作為「事實」，也很難說服對方。人們常說：「一千個人眼中有一千個哈姆雷特。」對於文學、藝術等意識形態較強的事物，每個人都有不同的看法，不可能形成完全統一的意見。你說哈姆雷特可敬，他說哈姆雷特是個反面教材，都有各自的道理。如果你搬出某位文學評論家的話或是哈姆雷特的所作所為來證實自己的觀點，根本沒辦法說服別人。

因此，我們在選擇事實的時候，一定要讓事實本身具有說服力，只有做到這一點，我們才能在辯論中無往不利。

## 12. 巧妙拒絕上司

身在職場，每個人的命運都在一定程度上受到主管的掌控，因此我們都應該對主管恭敬，以獲得他的好感。可是在一些特定情況下，主管可能

對你有過分的要求，這時你如果唯唯諾諾地答應，吃虧的就是你了。面對這種情況，我們只有學會說「不」，才能讓職場生活變得順心。

一般來說，主管對下屬的無理要求總是跟工作有關。比如說，把大量的工作交給你，而這些工作根本不是你一個人就能完成的。想反抗這種「壓迫」，你應該向主管說明各個工作的利害關係，讓他了解，如果一定要讓你完成計畫外的任務的話，那麼一些計畫內的任務就沒辦法完成，這樣勢必會影響整體進度，到時候，你的主管就不得不為此付出代價了。

當然，你不必以拒絕的姿態向他表達你的看法，你可以主動請求對方確定工作的先後順序，例如：「我有兩個專案需要在這個星期完成，時間很緊湊。剛才您交給我的任務好像也很急，我應該先處理哪一件？」這樣一來，你的主管就會明白你的難處，自然就會把多餘的任務從你肩膀上移開。

如果你因為有私事要做而無法在工作時間以外完成超額的任務，你就應該向主管說明你的實際情況，並且一定要保證自己會在正常工作時間之內把事情做好。此後，你就應該在上班時間表現出極高的工作效率，下班時故意匆匆忙忙地與主管告別，然後做自己的事。時間一久，主管就會認為你很敬業，同時也會理解你的「隱性拒絕」，這樣一來，他既不會給你過多的壓力，也不會忽視你。

安娜在一家廣告公司工作，工作量很大，她的主管 ── 企劃總監為了加快工作進度，時常軟中帶硬地要求下屬「自動」加班。安娜是一個非常重視個人生活的人，不願意把大量的時間花費在工作上，於是就對總監說：「總監先生，我知道企劃部任務很多，可是我的孩子現在還很小，我的丈夫又經常不在家，我必須多花點時間陪我的孩子，所以⋯⋯不能像其

他同事一樣加班。請您原諒！」

總監見安娜的理由合情合理，自然不能強人所難，於是點頭表示理解。安娜看到總監如此「通情達理」，心裡很高興。為了不讓總監留下一個「不愛工作」的印象，安娜保證：「總監，我會認真完成分內工作的，一定不會辜負您對我的期望。」

從此以後，安娜每天上班時間都精神飽滿地把精力投入到工作當中，下班以後準時回家，這樣既沒有影響工作，又擺脫了主管，因此她覺得自己的職場生活非常幸福。

從這個故事中我們可以看出，一味地忍受主管的「壓迫」只能讓你倍感痛苦，而合理地拒絕才有可能讓你成為職場達人。

主管除了會安排過量的工作給你，有時還會要求你做一些違反法律或道德的事情。遇到這種情況，你就更不能示弱了，你可以用堅定又委婉的方式勸導對方：「您的要求令我很不安，這樣做對您也沒什麼好處。」你也可以這樣說：「您可以解僱我，但我絕不會做這種事的！」只要你的態度足夠堅決，你的主管就會知難而退的。

前述都是對你有過分要求的時候你的應對措施，可是有時候是出於好意想要委派你一個新的任務，而你覺得自己並不適合新的工作，這時你該如何拒絕呢？

遇到這種情況，你一定要用感恩的態度來回應，然後再慢慢解釋你不適合新的工作，比如你可以這樣說：「我知道您對我抱有很高的期望，可是我覺得自己在這方面沒什麼長處，倒不如留在研發部門繼續我的研究，這樣可以發揮我的專長，為公司創造更多的利益。」這樣的話一出口，主管就會認為你既謙遜懂禮又有主見，同時還有團隊精神，同時，他也不會

因為你的拒絕而感到尷尬。

　　總之，不論要求是惡意的還是善意的，只要你無法接受，就應該大膽地予以拒絕。但是，主管畢竟是主管，你的拒絕一定要掌握好分寸，不然的話，你的職場生活就不會寧靜。

## 13. 「黑鍋」要背得有價值

　　俗話說：「吃虧是福。」在工作中，同事之間甚至是上下級之間難免會有些矛盾，這時互相忍讓也就過去了。但有的時候，有些人會裝出一副可憐的樣子來，讓你幫他「背黑鍋」，還有些居心叵測的小人會故意陷害你，把「黑鍋」用力地往你的頭上扣，這時，你就要小心了。

　　一家大公司的老闆聽說公司底下的一個子公司有詐欺行為，於是派人到子公司去調查。事實上，子公司的詐欺行為確實存在，子公司的經理為了自保，就對手下的幾個員工說：「如果有人向你們詢問這件事情，你們就說是你們做的，只要能夠讓我免於處罰，我就有辦法保護你們。」幾個員工一聽，覺得應該為主管「分憂解難」，就答應了經理，結果，等調查的人把這件事報告老闆之後，老闆毫不猶豫地開除了這幾個員工。

　　「背黑鍋」也是一門藝術，什麼樣的「黑鍋」可以背，什麼樣的黑鍋不能背，都是講究的。如果老闆把你當作心腹，要你替他承擔一些過錯，那麼不管你願不願意，「黑鍋」可以背，這樣可以讓你獲得更大的發展空間；但如果老闆根本不信任你，只把你當成「棄車保帥」的犧牲品，你就應該想一想，到底是不是應該背這個「黑鍋」了。

　　在職場中，員工要服從主管的命令，如果工作出現重大失誤，一般都是由於主管的錯誤決定導致的，責任應當由他來承擔。這時，如果你抱著

幫忙或是獲得主管器重的想法去承擔，無疑是非常愚蠢的。這就像兩個人一起扛木頭，只要有一個人逃跑，那麼剩下的一個人是無法搬動這根木頭的。

「背黑鍋」之前，首先要考慮這樣做的後果，因為很多時候，替別人「背黑鍋」是一種十分危險的行為，很多人這樣做的結果是開除或降職，甚至是鋃鐺入獄。所以，當有人找你「背黑鍋」的時候，一定要知道「背黑鍋」的後果有多嚴重、是不是觸犯了法律，如果「背黑鍋」會讓你斷送前途、名譽掃地、甚至受到法律的懲罰，那麼不管求你的人說得多麼懇切、如何信誓旦旦地向你保證，你都不能答應他的請求。

在《三國演義》中有這樣一個故事：曹操的軍隊已經斷糧好幾天了，士兵們飢餓難忍，聚在曹操的帳前示威，眼看示威就要變成譁變，曹操趕緊命人把負責糧草的官員殺掉，然後提著官員的頭對大家說：「他貪汙軍糧，已經被我殺了，糧食馬上就會運來，大家不要著急，再耐心地等一等。」士兵們一看官員被殺，都罵他黑心，對曹操反而稱讚有加，也不再鬧事了，曹操又趕緊派人徵集糧草，總算度過了危機。

在這個故事中，曹操讓官員替他背了「黑鍋」，而且根本沒有徵求他的意見就砍了人家的腦袋，這就是惡意的栽贓陷害了，儘管曹操的目的是為了平息眾怒，但他這樣的做法無疑是非常奸詐的。

古代，人治大於法治，是無法主宰自己命運的。但今天是法治社會，你可以在遭受誣陷時透過法律管道維護自己的正當利益。在職場中，如果有人為了個人私利而故意陷害你，你一定要保護自己，用事實說話，向上級證明你的能力和忠誠，並毫不留情地揭露那些心術不正之人的種種詭計。只有這樣，才能避免小人的傷害，不至於讓自己蒙受冤屈。

 第四章 立身原則要堅定

# 第五章
## 說話謹慎易安身

　　一個迷路者向一個過路者問路：「對不起！請問這裡是哪裡？」「你現在正在一條分岔路上，」路人說，「先生，我猜你一定是從事科技業的。」迷路者回答：「我就是不知道該往哪條岔路走才問你，你給我的答案完全沒有用？」「先生，你一定是學管理的。」路人說，「因為你不知自己在哪裡，也不知自己要往哪裡走，但你卻希望我幫你解決問題，你現在的處境和先前沒有兩樣，但責任已歸咎在我身上！」迷路者聽得心煩：「我是在向你問路，不是自我介紹，你到底知不知道該怎麼走啊？」路人聽了以後也很氣憤：「一條路走錯了沒關係，人生的路走錯了可就算完了，你認為我向你指明路的方向重要，還是指明人生的方向重要？」……

　　結果，這位迷路者和過路者說話都不嚴謹和慎重，一場本應很輕鬆的問路演變成一場激烈的爭論。所以，在生活中，與同事、主管相處，說什麼，怎麼說，什麼話能說，什麼話不能說，都應「講究」。

## 1. 學會與上司「推杯換盞」

　　在公司中，只有老闆一個人沒有主管，其他所有人都有主管。有人總有這樣一種看法：只要我做好自己的工作，處理好自己和老闆之間的關係就夠了，至於主管，雖然我服從他的管理，但他卻沒有讓我升遷或加薪的權力，所以當我在跟他講話時，就不必總是一副唯唯諾諾的樣子了。殊不知，主管才是你最不應該得罪的人，一旦你得罪或冒犯他，就可能為自己帶來很多麻煩。

　　之所以能成為你的主管，說明他無論是在工作能力方面，還是在人際關係的處理方面，都有一定的能力。工作方面倒不算什麼，每個人都有自己的做事風格，只要做好了分內的工作就可以了，但如何與主管談話就是

一門很高的學問了，有時候，一句話說不好就可能得罪主管。

但有時候，你得罪主管的原因並非一言一行，而是在長期工作中慢慢形成的，例如：

當主管走到你面前跟你談話時，你一直都坐在椅子上，從來都沒有想站起來，要對方坐下；當主管詢問你工作情況時，你要麼是一副無精打采的樣子，要麼是一句簡單的肯定或否定回答，要麼就是編造各種理由為自己工作上的失誤進行辯解。

在公共場合遇到主管的時候，要麼是熱情過度，顯得亢奮，要麼是過於膽怯，甚至裝作沒看見。

當主管出現失誤的時候，你在大庭廣眾之下指責他。

當你覺得自己工作辛苦、勤奮，卻沒有得到應有的報酬，以非常激動的態度向他提出升遷或加薪的要求……

當這些情況發生的時候，你怎能讓主管留下好印象呢？如果你不幸遇到了那種喜歡打小報告的主管，那麼，你就要做好迎接一切打擊的準備了。

其實，要討主管的喜歡也並非難事，重要的是讓他看到你身上的優點，比如禮貌、比如說話委婉有道理、比如不卑不亢的處事作風……

此外，還要儘量學習主管身上的優點，了解主管的性格、習慣、興趣愛好等各方面的特點，這樣才能夠在工作和學習過程中恰當地對話，讓主管喜歡而不是討厭自己。

## 2. 別和同事談隱私

只要是與你工作無關的事情，都可以被稱為隱私，每個人都有自己的隱私，這些隱私也許會讓你感到快樂，也許會讓你感到痛苦，你可以向家人傾訴，向朋友傾訴，甚至向一個陌生人傾訴，但就是不能向同事傾訴——你可以把同事當作朋友來看待，但他不是可以讓你傾吐隱私的那種朋友。

但很多人在跟同事交談的時候，往往是幾句「交心」話一說，就在不知不覺中把對方當成了知己，於是，自己的家庭、愛情，甚至是薪資、與主管的私交、對主管和同事的意見，通通告訴了對方。有句俗話，叫做「害人之心不可有，防人之心不可無」。因為你們是同事關係，在平時的工作中雖然有合作，但更多是競爭，遇到一些心術不正的同事，他就會把你的隱私當作攻擊你的利劍，讓你嘗嘗自掘墳墓的滋味。

你可以把同事當成普通朋友來相處，但千萬不能把對方當成知己，政治家們都相信一點，那就是「沒有永恆的朋友，只有永恆的利益」，為了獲得利益，即使你對同事再好、再坦誠，同事也可能會在背後捅你一刀。仔細想想，你把自己的隱私告訴同事到底有什麼意義呢？兩個人聊天，聊什麼內容不可以，為什麼非要聊自己的隱私呢？在職場中能否生存和發展，並不是由你的同事決定的，而是由你的工作成績、由你的老闆來決定的。如果你的隱私被同事告訴了老闆，那麼你還有好日子過嗎？

一個女孩暗戀上了自己的主管，她把這件事告訴了辦公室裡的一個「知心姐姐」，結果沒過多久，整個公司的人都知道了這件事，只要她一出現，大家就會用一種非常奇怪的眼神看她，結果使她在工作上出現了好幾次錯誤。老闆把她找來，只對她說了一句話：「我僱用你來是讓你來工

作的，不是讓你來談戀愛的。」然後就把她開除了。她連解釋的機會都沒有，因為她的隱私傳遍公司後，讓老闆留下了非常惡劣的印象。

所以，無論在什麼時候，都不要把自己的隱私告訴同事，就算你的工作情緒因此受到影響，也必須克制。

## 3. 及時讓步顯風度

寬容、忍讓是做人的美德，它不光展現在原諒別人對自己的傷害、忍受別人對自己的指責這些方面，當與人發生爭執的時候，明明是對方錯了，你卻能夠及時讓步，中止爭吵，也不失為明智之舉。

大衛到一座小鎮旅遊，住進了一家看起來很乾淨的小旅館，晚上大衛發現房間裡有一隻老鼠，一打開燈，老鼠就跑了；燈一關上，牠就又跑出來，就這樣，大衛一夜都沒有睡好。

第二天早上，大衛氣呼呼地向服務人員投訴，哪知服務人員根本就不承認旅館裡有老鼠，兩個人因此爭論起來，這時很多人都對大衛說：「先生，肯定是你搞錯了，這家旅館剛剛裝潢過，根本不會有老鼠。您大概是看錯了吧？」大衛正在氣頭上，見人們不肯相信自己的話，就出門買了捕鼠籠回來，說：「看著吧，今天晚上我就把老鼠抓給你看。」

晚上，大衛用一塊牛排做餌，抓到了那隻老鼠，把牠關進了籠子裡。他準備第二天早上就把老鼠拿到櫃臺，證明自己並沒有看錯。

半夜，大衛躺在床上，想像著服務人員看見老鼠以後會是什麼表情。突然，他覺得自己這樣做很無聊，而且簡直是在自貶身價 —— 如果真的這樣做了，他肯定會被人當成一個器量狹小，毫無風度的人。想到這裡，他打開籠子，把小老鼠放走了。

第二天，大衛來到櫃臺，把空的籠子給他，這時，服務人員也對他報以微笑，好像昨天的爭執從來沒有發生過一樣。

有的時候，爭吵根本沒有意義，不僅浪費時間和精力，同時也讓自己一肚子氣，如果能夠像大衛一樣，及時做出讓步，就能夠讓本來劍拔弩張的形勢恢復平靜。如果堅持自己的看法，不肯讓步，那麼只能為彼此之間製造更大的麻煩。很多人都看過「鷸蚌相爭」這個故事，鷸鳥想啄死河蚌，卻被河蚌夾住了尖嘴，雙方誰也不肯讓步，結果都被漁翁捉住了。更多的時候，一旦當你與別人產生爭執，只會自降身分，讓別人留下非常惡劣的印象。

湯姆是個很有才華的年輕人，但他也有缺點，就是性情急躁，爭強好勝。大學畢業後，他到一家大公司去應徵助理的職務。他想讓面試官留下好印象，就提前趕到了這家公司，想第一個接受面試。這時，有個看起來非常粗魯的年輕人約翰走到湯姆面前，說自己趕時間，想先進去面試，湯姆當然不肯答應，於是兩個人開始了激烈的爭論，就在兩個人差點打起來的時候，面試官走了出來，微笑著對兩個人說道：「兩位先生先商量一下，我要叫別的人先面試了。」然後，就把排在湯姆和約翰後面的求職者叫進去。

結果不難想像，兩個人都沒能應徵上這個職位。

當你和別人產生爭論以後，就像面對面地站在一座獨木橋上，如果想安全過橋，就必須有一方退回去，等一個人先過去，然後自己再過。但是，出於好勝心，又沒有人想退回去，那就只能互相推擠，結果必然是雙雙掉進河裡。

很多時候，我們之所以會跟別人產生爭執，都是由於自己愛生「閒氣」，其實，只要靜下心來想想，你及時讓步是解決爭端的一個好辦法，

不管自己是對還是錯，及時向對方讓步，趕快讓爭論平息，不僅可以展示自己的風度，更重要的是能夠儘量減少自己的麻煩，使自己有時間，做更多有意義的事情。

## *4.* 得了便宜莫賣乖

生活中，我們經常會遇到一種人，明明自己得到了好處，卻還要表現出一副無賴、諂媚的嘴臉，人們對這種行為有一種形象的說法——「得了便宜還賣乖」，毫無疑問，這種行為是讓人反感的，所以我們在說話的時候，千萬不能表現出這種態度，否則就會引起別人的記恨，進而替自己惹來麻煩。

瑞德剛進公司的時候，他那風趣的談吐總是能讓大家開懷一笑，所以他很快就被同事接納了。一天，辦公室裡的妮娜晚上宣布要請大家吃飯，因為她就要結婚了。一頓大吃大喝之後，瑞德對身邊的人說：「今天的火雞味道不怎麼樣。」其實，在吃火雞的人中，瑞德吃得最多。第二天，瑞德的話就傳到了妮娜的耳朵裡，妮娜非常生氣，婚禮那天也沒有請瑞德參加。

不久，大家發現瑞德這種「得了便宜還賣乖」的情況越來越多，比如他過生日那天，經理送他一條領帶，他就拿著領帶對同事說：「我家有好幾條這樣的領帶，不過平時不戴而已。」還有一次，瑞德被評為「最令客戶滿意的員工」，當大家都向他表示祝賀的時候，瑞德說：「我才不稀罕當什麼最令客戶滿意的員工，我寧願做個普通人。」

這以後，大家對瑞德的態度開始變了，如果沒有工作上的事情，誰也不會主動跟瑞德聊天，儘管瑞德在工作上表現不錯，但最終還是某些原因

被開除了 —— 這其中就包括人際關係的問題。

當你因為工作出色而受到獎賞時，不管同事是否出自真心地稱讚你，都不應該表現出一副理所應當的樣子，更不能把自己受到的獎賞說得一文不值 —— 你做得出色尚且一文不值，那麼其他同事的工作該如何評價呢？所以，這種得了便宜還賣乖的做法實在要不得。

有位偉大的詩人，寫出了很多優秀的詩，因此受到了國王的召見，當著國王的面，他一連寫出了三首讚美國王的詩，而且每首都非常優美，國王十分高興，就留他住在王宮。國王和王后都非常喜歡文學，因此也經常跟詩人討論詩歌，詩人在詩歌方面的天賦令國王折服。為了表示對詩人的器重，國王還把自己的佩劍送給了他。詩人也因此變得驕傲，有一次，宰相當著國王的面讚美詩人的詩歌，詩人聽了以後，十分輕蔑地說：「我的詩寫得好，這是國王陛下都知道的事情，還用得著你來稱讚嗎？你有資格跟我談論詩嗎？」宰相非常尷尬，也因此對詩人懷恨在心，沒過多久，他就找機會向國王說了詩人的壞話，國王正好也對越來越得寸進尺的詩人感到厭煩，就把詩人趕出了王宮。

優秀的人即使一句話都不說，也會招人嫉妒，如果他還總是「得了便宜還賣乖」的樣子，就更加令人不滿了。所以，當一個人不管透過何種方式獲得好處的時候，最好的辦法就是閉緊自己的嘴巴，低調一些，不要裝著一副謙虛的樣子去炫耀自己，以免替自己惹來災禍。

## 5. 低調做人，高調做事

透過讀書和親身經歷，我們可以總結出這樣一個規律：那些總是炫耀自己有能力、成功的人，基本上都成不了什麼氣候，大多數人直到去世都

過著一種半飢半飽、挫折困頓的生活；反倒是那些看起來笨笨的、沉默寡言的人，在經歷了風風雨雨之後，最終獲得了事業上的成功。

　　即使你在生活中真的有些成績，有些頭腦，也不能過於外露，要學會藏而不露，低調行事。也就是說，在與別人談話、共事的過程中，一定要懂得韜光養晦，不要刻意炫耀自己頭腦聰明、在工作方面出色。耍小聰明、自命不凡的人既會招人嫉妒，又會讓人生厭，甚至可能為自己帶來仇人和禍害。

　　在別人面前，一定要保持低調，不要大張旗鼓的炫耀自己，尤其是在與自己有直接利害關係的同事面前，炫耀自己意味著你在向同事挑釁：「我比你強，你不如我。」儘管你並沒有這樣想，但結果卻是一樣的，所以，最好的辦法就是少說、多聽、多做事，不要讓自己引起別人的注意。

　　人際關係學大師卡內基曾經說過：「我們應該謙虛，因為你我都沒什麼了不起的。我們早晚會去世，百年之後就會被人忘得一乾二淨。生命太短促了，不要在別人面前大談我們的成就，讓別人感到厭煩，我們要鼓勵別人談談他自己才對。回想起來，反正你也沒有什麼好談的。」

　　當然，少說並不是不說，如果真的有人向你徵詢意見或建議，那麼就應該充分發揮出你的才能，用實際行動來幫助對方 —— 並非用嘴說說而已。

## 6. 給別人一點迴旋的餘地

　　我們在生活中經常會遇到「得理不饒人」的情況，有的發生在別人身上，有些就發生在自己身上。在我們的觀念裡，別人犯錯，就理應受到責備，至於怎麼責備，就完全看指責者的意思。有的指責者絲毫不在乎被指

責者的感受，經常採取一種粗暴、強橫的態度對犯錯的人進行責備，但是這種粗暴的指責往往收效甚微，甚至會激起被指責者的憤怒，乃至造成非常嚴重的後果。

卡內基曾經告誡過一些年長的朋友──這些人大都是孩子的家長或老師，即便他們所糾正的是一個非常明顯的錯誤，但由於他們的粗暴態度，卻導致孩子對他們產生了長久的憤怒。

在一所學校裡，有個學生把車停錯位置，造成學院的入口被塞住。這時，有位教授衝進了教室，以非常凶悍的口吻問道：「誰的車停在了入口處？」當那輛車的主人站起來答話的時候，那位教授大聲吼道：「你馬上出去把它開走，否則我就叫人用鐵鏈把它拖走。」

這位學生確實做錯了，車子不應該停在那裡。但是那位教授的粗暴指責卻讓這位學生感到憤怒，不光是那位學生，幾乎是全班的學生都跟教授過不去，令他的工作憑空增添了很多麻煩。

假如這位教授能夠態度友善地問一句：「入口處的車是誰的？」然後再提出自己的建議：「如果把它開走，那別的車就可以從入口自由進出了。」這位學生不僅會很愉快地接受這個建議，而且也不會和他的同學一樣有生不完的氣了。

事實上，成年人比孩子更加在意自己的面子，如果有人讓他失去了自尊，那麼他甚至會不惜一切代價地來報復那個人。其實，只要一、兩句寬容體諒的話，就可以減少指責對別人造成的心理傷害，使他的自尊得以維繫，也就不會造成什麼惡劣的後果和影響了。

約翰是一位職場成功人士，他的第一份工作是市調人員，公司派他用一週的時間對某項產品進行市場調查，但是初出茅廬的約翰由於缺少經驗

和一時的大意，直到星期五的時候才發現自己忘了統計一項重要的資料。重新進行調查肯定來不及了，而且，下週一開會的時候就需要用到這份報告。「當時，我的感覺真是糟糕透頂，」約翰說道，「就好像末日降臨似的，我真想躲到角落裡偷偷地哭一場。」

到了開會的時候，約翰硬著頭皮向經理承認自己的錯誤，並保證自己會在最短的時間內彌補。

散會以後，經理要約翰跟著他來到了辦公室，並且讓他坐在了辦公桌對面的椅子上，「當時，我害怕極了，既擔心經理對我大發雷霆，又擔心他什麼都不說，直接把我開除。」約翰說道，「但是，經理並沒有那樣做，他對我所做的工作表示了感謝，並強調一個新人在剛剛接觸新工作的時候難免會出現差錯。他說他相信我會把這項工作完成，而且以後不會再出現這樣的情況，而我也會對公司做出更大的貢獻。從經理的辦公室出來以後，我下定決心，我絕不會再讓他失望的。」

為什麼約翰的老闆會這樣對待他呢？一位作家的話或許能夠回答這個問題：「我沒有權利去做或說任何事以貶抑一個人的自尊。並不是我覺得他怎麼樣，而是他人覺得自己如何，傷害人的自尊是一種罪行。」

如果你能在任何情況下做到不用語言去傷害任何一個人的自尊，那麼，你就可以和周圍的人相處得更加和諧了。

## 7. 認錯是一種修養

每個人都有犯錯的時候，但對很多人來說，他們不願意承認自己的錯誤，因為他們覺得承認錯誤是一件很丟臉的事情。有時候，錯誤的影響確實很大，人們認為如果承認錯誤，不僅會丟臉，而且還會承擔重大的責

任，因此極力地為自己辯護，這種心情可以理解，但如果證據確鑿——就是你的錯，你還是死不悔改的話，那後果可能就十分嚴重了。

　　在很多情況下，一個人犯不犯錯是一回事，肯不肯承認自己的錯誤又是另外一回事。更重要的一點就是：明明自己犯了錯，卻要百般狡辯，那麼就很容易跟他人發生爭論，爭論一旦產生，就意味著自己陷入了無窮無盡的麻煩之中。

　　事實證明，能夠主動承認錯誤的人比拒絕認錯的人更容易得到原諒，對就是對，錯就是錯，錯了就大膽承認，反而顯示了一個人的光明磊落，雖然做錯了事，卻能得到人們的尊敬和理解——這是化被動為主動、讓麻煩遠離自己的一個絕佳辦法。

　　如果發現自己犯了錯，與其死不認錯等著受到更加嚴重的懲罰，不如搶先認錯讓懲罰降到最低。

　　因為想指責你的人發現你已經承認了錯誤，就不會再指責你了。就像當你有求於對方時，你先說一句「我這個要求可能太無理了」，「這些話真的很難說出口」，或「這些話可能有點過分」。就算你說的話確實令對方感到厭煩，他也不會當面指責你。

　　如果你還沒來得及認錯，對方就已經指責，那你承認錯誤，然後錯誤形容得更多一些、更重一些，這樣也能達到良好的效果。

## 8. 不能哪壺不開提哪壺

　　為了實現自己的某種目的，我們經常要跟別人進行言語上的交流，所以，如何掌握說話的分寸，就成了一個非常實際也非常重要的問題，也許你曾經有這樣的經歷：在別人談話的時候，往往由於自己的一句話，就使

對方變得不自然、甚至是勃然大怒，摔門而去。直到這時，你才知道自己說了不該說的話，儘管你覺得自己沒有故意冒犯對方的意思，但不要忘了「說者無心，聽者有意」，你已經在無形之中犯了忌諱，再想挽回，恐怕已經很難了。

安娜體形肥胖，她嘗試過各種減肥的方法：節食、運動、吃減肥藥，但效果都不是很明顯。安娜因此十分苦惱，也十分忌諱別人說她胖，所以無論與什麼人聊天，她都絕口不提體重、減肥等跟身材有關的話題。

有一次，安娜特意去紐約看望自己多年未見的大學同學凱薩琳，凱薩琳十分高興，請安娜吃飯的時候，凱薩琳點的都是一些熱量很高的食品，安娜有些羞澀地對凱薩琳說道：「親愛的，我不太喜歡吃這些東西。」凱薩琳一聽，說了一句：「難道你是害怕會變胖嗎？沒關係，反正你已經這麼胖了，再胖一點也看不出來。」可想而知，安娜一下子沒有了吃飯的胃口，沒過多久，她就藉口身體不舒服離開了餐廳。第二天，她也沒有通知凱薩琳就直接離開了，而且以後再也沒有聯繫過凱薩琳。

「哪壺不開提哪壺」的情況基本上可以分為兩種，一種是無心之失，一種是有意為之。但不管是有心還是無意，對聽者來說，都是一樣的，對方所忌諱的事情被你提到了，就會在心裡產生反感，甚至產生激烈的衝突。

要避免「哪壺不開提哪壺」的尷尬，在跟別人交談的時候，就必須時刻小心自己的措辭，對十分在乎自己身高、體型或是一些身體有殘疾的人，應該儘量避免談論與之相關的話題，如果參加談話的有很多人，當有人不小心談起這些話題的時候，也應該趕緊暗示對方停止，否則就很可能造成不歡而散的局面。

　　有時候，或許我們不能一眼就知道對方的忌諱，所以你會感覺很難避免觸及別人的痛處。表面看來，這種想法確實很有道理，但實際上，還是有辦法避免的。比如，提到某個問題時對方有意迴避，或表情不太自然，這時候就應該馬上住口，或者換一個話題。這時，被傷害的一方能夠比較容易原諒你的魯莽，但如果你不顧對方的反應，仍然繼續說下去，對方可能就會認為你是故意的了。

　　一天，約翰坐火車到外地出差，由於路途很遠，為了打發時間，他就跟坐在對面的史密斯夫婦閒聊起來。約翰看到史密斯夫婦並沒有帶著孩子，就好奇地問了一句：「我說，老兄，你們的孩子怎麼沒跟著一起來啊？」史密斯一聽，臉色立刻變得煞白，這時，史密斯太太趕緊對著約翰眨了眨眼，意思是讓約翰不要再問這個問題了。但約翰卻沒有注意，而是繼續問了一句：「你們有幾個孩子啊？」這一下，史密斯先生再也忍不住了，冷冷地對約翰說了一句：「對不起，我要去廁所。」然後，史密斯先生就離開了座位，這時，史密斯太太也不高興地對約翰說道：「您真的不該問他這個問題，他的身體有問題，根本無法生育。」約翰聽了以後，趕緊向史密斯太太道歉，儘管史密斯太太原諒了約翰，但史密斯先生從廁所回來以後，卻再也不肯和約翰說話了。每當約翰想起這次難堪的經歷，都會對自己的冒失深深地自責。

　　如果害怕跟陌生人聊天會出現「哪壺不開提哪壺」的情況，那麼就不要跟他們談論身邊的事情，不妨談談天氣、歷史、藝術等一些無關痛癢的話題，這樣可以儘量避免出現雙方都感到為難的局面。

## 9. 炫耀是淺薄之舉

在某些情況下，適當地自誇可以讓別人對自己留下很好的印象，「老王賣瓜，自賣自誇」，就是這個意思 —— 如果賣東西的人總是說自己的東西不好，那麼誰還來買呢？

然而，自誇也要有分寸，過分的自誇被人稱為「吹牛」，一旦被人認為你是一個愛吹牛的人，那麼你在別人心目中留下的印象，比起那些總是自謙的人還要壞上三分。

古羅馬時代，有位英雄名叫瑪爾斯（Mars），因為他驍勇善戰，多次拯救羅馬城於危難之中，所以人們對他非常崇拜，稱他為「戰神」。由於他長年在外征戰，羅馬人並不知道瑪爾斯長什麼樣子，他也成了人們心目中謎一樣的人物。

後來，瑪爾斯不想再過那種打打殺殺的生活，於是就想投身政壇，與幾位對手角逐執政官這一職務。按照規定，瑪爾斯和其他候選人都要在選舉初期公開發表演講，贏得選民的支持。到了演講的時候，瑪爾斯什麼話都沒說，只是把自己的衣服脫下來，讓人們看他身上的傷痕，選民們被感動得淚如雨下，瑪爾斯認為自己憑藉這一優勢，肯定能夠當選。

但是，到了正式投票的那一天，瑪爾斯一反常態，開始在各種場合進行滔滔不絕的演講，一味地吹噓自己的功績；而且他只和那些陪同他來的貴族說話，對選民不理不睬。這下，人們對他的印象大打折扣，大家都認為所謂的「戰神」不過是個「吹牛」的傢伙而已。於是，瑪爾斯落選了。

適度的自誇可以，但如果滔滔不絕地自吹自擂就不好了，在很多情況下，你越是自誇，別人越是瞧不起你。很多人都這樣想：信口開河的人品味大都很差，知識也不淵博。爬得越高，摔得越慘，當人們發現你是在吹

牛，就會感覺自己受到了愚弄，所以說，過分自誇只能讓你和別人之間的溝通變得更加困難。像瑪爾斯那樣的戰場英雄，是根本不必用語言來吹噓自己的，身上的傷疤足以勝過千言萬語。但他到了最後關頭，居然捨棄了這一做法，在選民面前裝腔作勢，他說得越多，人們對他就越失望。

許多人經常在朋友聚會或其他一些公開場合誇耀自己，而且往往以「想當年」、「想當初」這樣的詞語作為開端，希望能夠在自吹自擂中獲得別人的敬佩，讓別人留下深刻印象，殊不知，這樣的做法往往會讓聽者產生很大的反感，常言說「好漢不提當年勇」，如果你的成就已經是過去式，那麼還是待在家裡回憶比較好，在公共場合自吹自擂，只會讓人對你更加反感，雖然出於禮貌，人們會對你進行讚美，但絕對不會得到人們的認同。如果有人非要你講過去的事情，那麼也應該點到為止，不要太過分。

美國總統歐巴馬（Barack Obama）高中時代曾經入選籃球校隊，並追隨校隊獲得了州冠軍，在競選美國總統時，歐巴馬決定以自己的籃球往事來吸引選民的注意。一次，歐巴馬來到一所高中進行演講，正當他興致勃勃地吹噓自己籃球技術高超、三分球命中率有多高的時候，一個高中生當場拿出一個籃球，要他示範一下。結果歐巴馬連投了十次三分球，卻只進了一個，若不是競選團隊積極幫他應對，恐怕就不知道如何收場了。

歐巴馬的競爭對手約翰·馬侃（John McCain）為了吸引選民的注意，總是誇讚自己當年是個出色的拳擊手。當時，約翰·馬侃已經是個71歲的老人了，誰能拉著他到拳擊臺上去較量幾個回合呢？而歐巴馬卻只有四十多歲，如果不去投三分球，恐怕就更讓人笑話了。

雖然歐巴馬最終贏了約翰·馬侃，成為第四十四任美國總統，但在這一回合的較量中卻明顯不如約翰·馬侃聰明。

每個人都有虛榮心，都想向別人炫耀自己的成就，但凡事都有限度，如何恰當的自誇，不讓人反感，卻是一門藝術。會說話的人會先去稱讚對方的長處，然後趁機提起自己。

## *10.* 常看到別人的「長處」

幾乎每個人都會有一、兩次不太體面的經歷，對於這樣的往事，誰也不願意讓人知道，尤其是那些已經獲得成功的人，地位越高、權力越大，越是忌諱。對此，我們應牢記在心。如果你知道某個人的歷史，千萬不要隨便提起，否則可能會惹禍上身，即使是關係親密的好友也不例外。

有一個關於「逆鱗」的說法，傳說龍的喉嚨下面，長著一些「逆鱗」，之所以稱為「逆鱗」，是因為這些鱗片是倒著長的，不管是誰，只要觸摸到這個地方，都會把龍激怒。古代的皇帝自詡「真龍天子」，所以如果有人敢說皇帝的壞話，就相當觸摸到了龍的「逆鱗」，基本上都會大禍臨頭。

朱元璋是明朝的開國皇帝，他小時候家裡很窮，靠著放牛來謀生。當了皇帝以後，朱元璋非常忌諱別人說他曾經放牛，大臣們都知道朱元璋的心思，誰都不敢說這些話。

在朱元璋的老家，曾經跟朱元璋一起放牛的同伴聽說朱元璋當了皇帝，就來到皇宮求見朱元璋。哪知一見面，這個人就不客氣地對朱元璋說道：「你現在發達了，不過我們可是一起放過牛的，你還記得你的褲子非常破，連屁股都遮不住，我們還一起偷豆子，結果弄得滿身是泥。」這個人的話還沒說完，朱元璋就氣得大聲吼道：「拖出去殺了！拖出去殺了！」

不管一個人的胸懷多麼寬廣，心地多麼善良，總有一些不想讓人知道的祕密、不願讓人觸及的痛處。所以在與人交談的時候，不管是討論工作

也好，還是解決糾紛也好，都不能把揭露對方的短處作為使自己占據上風的武器，要知道，這樣做不僅不會讓對方同意你的看法，反而還會使雙方的矛盾更加激化。

有人認為只要兩個人關係好，偶爾為之並沒有什麼危害，其實這種看法是完全錯誤的。兩個人的關係再好，如果你總是說一些朋友不願提及的事情，也會讓對方產生不滿，久而久之，兩個人的友情必然會產生裂痕。所以這種事情，無論什麼時候，都是不做最好。

## 11. 有理也不一定要爭理

在一般時候，我們跟別人交談是為了加強自己對對方的了解，增進彼此之間的友誼，這種行為是性質友好的社交活動，所以根本沒有必要為一些雞毛蒜皮的小事發生爭論。如果是因為工作方面的事情產生了分歧，那就更不值得去爭論了。

一旦兩個人產生爭論，雙方的情緒都會漸漸失控，即便你的話說得很有道理，對方也不可能接受，因為這時他的內心已經完全被自己的怨氣主導。與之相伴的，肯定是大吼大叫、恐嚇威脅、羞辱奚落，本來應該是一場愉快的談話，結果卻變成了一場爭吵。

吉姆是一位汽車業務員，一天，他向萊特先生推銷某品牌的汽車，萊特先生聽了吉姆的介紹以後，很不客氣地說道：「你說什麼？那個品牌的汽車誰要啊？就算你免費送我一輛，我也不要，那簡直就是一堆垃圾，倒是另外他牌的汽車我比較喜歡。」吉姆聽了萊特先生那番話以後，覺得自己受到了很大的侮辱，於是氣呼呼地開始對萊特先生說他牌的汽車多麼不好，但他越是這麼說，萊特先生反而越認為吉姆是在否定自己，到了後

來，兩個人竟然從討論汽車性能、服務的優劣轉向了人身攻擊 —— 吉姆的生意當然沒有做成。

美國歷史上著名的學者富蘭克林曾經說過：「如果你總是跟別人爭辯、反駁對方的觀點，或許偶爾你也能獲勝；但那是沒有任何意義的勝利，因為你永遠得不到對方的好感。因此，你要衡量一下：寧願要那種字面上的、表面上的勝利，還是別人對你的好感？你在爭論中可能有理，但想改變別人，你就錯得徹底，使你一切都徒勞。」

有人說過一句話：「爭辯不可能讓無知的人服氣。」

如果你想有效地避免爭論，那麼就必須了解對方的觀點，很多時候，人們只關注自己想些什麼，而不去管別人的想法，也就產生了矛盾。如果你能清楚的了解對方的觀點，然後儘量肯定你同意的部分，並且向對方明確的表示出來，那麼雙方就可以達成某種程度的共識，即使你仍然不同意他的看法，但也不至於完全反對，那麼自己的態度就可以比較客觀，自己的主張就可以公允一點，發生爭論的可能性就減少了。

即使你同意的僅是對方言論中的一小部分，只要你肯坦誠地指出，也能營造比較融洽的氣氛，而這種氣氛，是能夠幫助交談發展，增進雙方了解的。

如果吉姆能夠懂得這一點，那麼當萊特先生說那些話的時候，他就不該只是一味地說他牌的汽車不好 —— 吉姆越是說他牌的汽車不好，萊特先生就越認為吉姆說的是錯的，正確的做法是肯定萊特先生說的話是對的，這樣就可以有效地避免與萊特先生產生爭論。既然吉姆承認了他牌的汽車確實有優點，萊特先生的心願得到滿足，就不會一直跟吉姆討論他牌的汽車，這時吉姆只要稍加引導，萊特先生便會聽吉姆介紹自己推薦的汽車了。

發生爭論的最大危害在於，雙方觀點上的分歧一旦變成了身體和精神上的全面對立，就注定不會有人在爭論中獲勝。如果是你的觀點錯誤，那麼無疑你是輸的一方。即使你是對的，你也輸了，因為你在贏得辯論的同時已經得罪了人。所以，在與人交談的時候，最好還是避免爭論，但如果遇到了特別喜歡跟人爭論的人，尤其是他們蠻橫的態度和無理的言詞常常使一個脾氣很好的人都難以忍耐。在這種時候，如果你仍然能夠克制自己，保持冷靜，不氣惱，你就能夠跟那些最不容易合作的人好好地進行談話，從而使自己獲得更好的人際關係。

## 12. 做個不抱怨的職場達人

在生活、工作中，我們經常會看到一些人對自己所處的環境感到不滿，進而產生了一系列的煩惱。人生不如意十之八九，遇到一些不太順心的事是在所難免的，如果總是採取抱怨態度，把不滿掛在嘴邊，那麼不僅會對自己的工作造成消極的影響，也會對身邊的人造成不良影響，甚至會為自己的前途蒙上一層黯淡的陰影。

每個人都有七情六慾，當受到周圍環境的影響時，就會有產生情緒上的波動、甚至憤怒、咆哮都有可能。這是人的身體和心理為了自我保護而進行的本能反應。所以，人們會因為不滿而抱怨，是由於需要在心理上獲得一種滿足感，但這種滿足感並不能持續多久，一旦滿足感消失，一些自制力差的人便會繼續抱怨。

所以說，在正常情況下，抱怨幾句並非什麼大問題，於情於理都可以原諒，但是，如果自己的情緒過於激動，甚至使人無法保持冷靜和理智，不停地抱怨甚至咒罵，這樣就太過分了。因為你明知道這於事無補，所以

最好的處理辦法是，一旦遇到這種情況，就要迅速調節自己的情緒，用積極的心態去面對問題，解決問題。

很多時候，人們的不滿和抱怨都是針對身邊的人，如果多一份理解、寬容和愛心，那麼就不會出現把埋怨掛在嘴邊的情況了。

## 13. 應對下屬的指責要從容

身為一個團隊的管理者，我們難免會在工作過程中出現失誤，因而招致下屬的批評，有時，即使你並沒有出現差錯，也會因為某些原因讓下屬產生不滿。這是天經地義的事情。有的下屬甚至情緒變得非常激動，在大庭廣眾之下就對你進行指責，你也許會感到非常尷尬，也許會滿腔怒火，那麼你到底應該怎麼做才能化解這場危機呢？

著名人際關係學大師卡內基曾經回答這個問題，他的答案總結起來只有兩個字：從容。

從容是一種風度，它能夠使你沉著、冷靜，盡快找到解決問題的辦法。

下屬既然敢當面指責你，也許是因為他早就做好了被開除的準備，所以你以此威脅他是沒用的，面對下屬的嚴厲指責，就算你的心裡有多麼不悅，絕對不要表現出來，相反，應該耐著性子，做出一副樂於傾聽對方意見的態度，比如跟對方說一句：「哦，好的，說說你的意見。」就算對方的指責有多激烈，也要等對方說完再進行反駁，千萬不能因為自己是主管，就採取強硬的手段進行壓制，這樣只會使雙方的矛盾變得更加激烈。

如果下屬的指責過於模糊，你可以請他講得清楚一些，比如，下屬指責你的決定是愚蠢的，甚至罵你是個「混蛋」，這時你不妨微笑著問他一

句「我的決定哪裡愚蠢？」不要以為這是在向對方示弱，實際上，這可以使你了解對方究竟為什麼要指責你。由於你始終都保持微笑，並且虛心地向他求教，他就不會一直怒氣沖沖地去指責你的錯誤，轉而以尊重的態度向你說出他的不滿之處在哪裡。

當下屬把理由說出來以後，就輪到你來解決問題了，如果下屬的指責是對的，那麼你不妨以低姿態，大方地承認自己的錯誤，不要害怕丟臉，這正是你展現風度的好機會。即使下屬再生氣，當他看到你已經承認了錯誤，他的怒氣也會消退大半，等到他的情緒平穩以後，你可以向他解釋一下為什麼會發生這樣的錯誤。如果錯誤是不可避免的，那麼只要把話說清楚，相信下屬也就不會再對你有意見了。如果錯誤確實是因為你造成的，那麼你就向他甚至大家檢討自己的錯誤。

下屬的怒氣完全平息後，你可以私下找他，告訴他：「你對我的指責是對的，感謝你讓我知道了自己的錯誤，但是，我希望你能夠提前告知我問題，讓我事先有所準備。或者我們直接私下把問題解決，好嗎？」相信聽了你這番話以後，再固執的下屬也不會再為難你了。

作為一個領導者，無論面對任何情況，保持一種從容不迫的態度都是十分必要的。受到下屬的激烈指責時不要迴避，要順著他的意思說下去，擁有一顆寬容的心，等到下屬把自己的不滿或怨氣發洩出來後，你就可以向他進行解釋或反駁，使下屬知道他的責怪雖然是對的，但指責的方式卻存在著問題，處理好了這些問題，相信你和下屬日後相處也會變得更加融洽。

## *14.* 反問的溝通方式效果更好

有的時候，與我們交談的對象自我感覺良好，他們認為你說的他們都知道，因此表現得不在乎，甚至當著你的面左顧右盼，一副心不在焉的樣子。在這種情況下，不妨試試反問的批評方式。

反問，表面上是向對方發出質疑，實際上是激問法，因為問題的答案根本無須回答，之所以要用反問，是因為它包含了強烈的感情，能夠使發問者在氣勢上壓倒對方，讓對方無可辯駁而接受你的批評。如果把反問句變成陳述句，那麼語言效果就會大打折扣。

以反問的方式對人提出批評通常能夠引起極大的反響，所以如果不是情緒特別激動的時候，如果不想讓事情的影響太大，最好還是不要使用這種批評方式。如果必須使用，也一定要注意一個問題 —— 要考慮被批評者的思考能力，也就是說，如果被批評者不具備一定的理解能力，不能對你的話進行思考和理解，那麼他就不會覺得自己受到批評，甚至可能會正經地對你提出的問題進行回答也說不定。

## *15.* 批評別人前先真誠的反思自己

每個人都有犯錯的時候，當我們發現有人犯錯的時候，通常的反應都會是毫不客氣地當面指出，而且引經據典、振振有詞：「良藥苦口利於病，忠言逆耳利於行。」但是，有的人明明知道自己犯了錯，出於強烈的自尊心，也不願意向批評他的人承認。

想想也對，當我們意識到自己過錯時，也許會檢討自己，但就是不肯向那些直接指出自己的錯誤的人承認，就像有人非要把難以下嚥的食物塞進我們的嘴裡，我們只能把這些食物再從嘴裡吐出來。但是，只要對方以

和善的態度巧妙處理這些問題，那麼，我們也能夠對別人承認錯誤，甚至會為自己的坦白和直率感到自豪。

所以，當我們發現別人犯錯時，千萬不要對他說：「來吧，讓我告訴你，你哪些地方做錯了。必須接受我的意見，改正自己的錯誤。」如果你這樣說，就等於向他挑戰，即便你的聲音再溫和、再動聽，他也會因為內心的固執己見而拒絕你的意見。那麼，究竟怎樣做才能讓別人順利地接受自己的批評呢？

卡內基認為，應該慎重對待他人的錯誤。當我們聽到別人的口中說出一句錯誤的話，請你不要直接告訴他那句話是錯的，如果這樣對他說：「也許我說得不對，因為我常常會出錯，不過我願意跟你一起研究這個問題。」如果使用這樣的句子，或許你就不會遭到對方的反對了。

一位汽車經銷商在接到顧客投訴的時候，總是否認自己的服務出差錯，然後採取粗暴的方式解決這些問題，結果他和顧客之間的矛盾越來越大，生意自然也越來越差。後來，在卡內基的建議下，這位經銷商每次接到顧客的投訴電話，都會對顧客說道：「我們確實犯了錯誤，真的非常抱歉。對於你提出關於車子的問題，可能我們有疏忽，希望您能告訴我。」這個辦法確實很有效，顧客聽了他的話之後，不僅不再抱怨了，反而還介紹客戶給他。

事實上，沒有人願意當著別人的面承認自己的錯誤，所以我們在批評別人的時候，最好從批評自己開始。

在批評別人之前，如果你能先向對方承認，你自己也犯過類似的錯，甚至犯過比他更愚蠢的錯誤。事實上，每個人都可能會犯錯，所以，當別人聽到這些話以後，會在內心覺得你更親近了，再接著聽你的批評，或許就不是一件很難接受的事情了。

## *16.* 別把話說得太滿

　　無論做什麼事情，都要掌握好尺度，有句俗話：「喝酒六分醉，吃飯七分飽。」意思是說：喝酒六分醉即止，能享受到那種小醉微醺的快感；吃飯七分飽即止，最有利於身體健康。很多時候，替自己多留一些餘地，才能在緊急的時候有個緩衝的空間。說話也是如此，把話說得太死，就像兩輛距離太近的汽車，一旦前面的車突然煞車，後面的車就算立即煞車，也會發生追撞事故，所以，說話也要懂得為自己留一些餘地。

　　在接受電視採訪的時候，很多人都喜歡用「應該」、「也許」、「大概」、「考慮」、「預計」等意思不確定的詞語，並非是那些人真的不確定，而是為了留點空間給可能發生的「意外」──凡事總有意外，如果把話說得太滿，一旦出現不可預料的情況，那麼說出來的話就不能實現，這不僅是面子問題，也是人品問題。其實，把話說得太滿就像替氣球充滿氣，再充氣就會爆炸；又像在一個空杯子裡倒滿了水，再倒水就會溢出。儘管有人能夠做到在把話說得很滿的情況下依然能夠實現，但這樣的人畢竟是少數，一旦出現意外就不好收場了，我們之所以強調不要把話說太滿，就是為了在出現意外的時候有轉圜的餘地！

　　當主管把一些重要而又有難度的事情交給你去做時，千萬不要擔心難以勝任而找藉口推脫，這樣會留下不好的印象，但也不能把話說得過於肯定，要把話說得滴水不漏，為自己留餘地，例如問你工作有沒有問題的時候，不要說「保證沒問題」，而是應該技巧性的說：「應該沒有問題，我會盡力而為的。」這就是在替自己留後路，萬一自己做不到，也不會被抓住把柄，因為你說的是「應該」，而且也盡力去做了，老闆不僅不會因為你說了這樣的話而埋怨你，反而會覺得你是一個謹慎、沉穩的人，就算事情

真的沒做好，也不會責怪你。

　　如果是同事或朋友有事求你幫忙，你也不要做出絕對的保證，而應該用「儘量」、「試試看」這樣的字眼來回覆他們，這不是在跟他們耍心機，而是替自己留退路。這些不確定的詞語可以讓求你幫忙的人降低自己的期望值，如果你沒有幫上忙，他們會因為最初期望值不高而不會過於失望；如果你幫了忙，他們往往會喜出望外，這種額外的喜悅能令這些人對你更加感激。

　　很多人的思維容易陷入「非黑即白」的簡單論調中，如「不是成功就是失敗」、「不是生就是死」、「不是朋友就是敵人」，這種看法也是錯誤的，有的時候，我們會跟朋友發生矛盾，在這種情況下，千萬不要說什麼「勢不兩立」、「不共戴天」、「恩斷義絕」之類的話。不管誰更有理，你的最佳對策都是閉口不言，這樣可以為日後重新和好創造條件。當我們對某個人、某件事做評判時，最好也不要用一些絕對化的詞語，未來的事情不可預知，所以最好還是不要把話說得太滿。

## *17.* 適度的虛話是必要的

　　現實生活中，很多人說話都很直接，一就是一，二就是二，從不虛情假意。這樣的品性固然很好，但是在很多情況下，說實話可能會令人難以接受，而說一些「虛話」反而會獲得別人的好感。

　　在很多時候，說實話都會令人掃興，有時候甚至會讓人感到尷尬。儘管你說得句句屬實，而且完全發自內心，但在別人看來，你是一個不通情理、惹人討厭的「怪胎」。

　　比如說，你的一位女同事新買了一條短裙，星期一上班的時候高高興

興地穿在身上向別人炫耀。這時,如果你對她說:「腿又粗又短的人不適合穿這種裙子。」儘管你說的是實話,而且意在幫助她打扮,可是她一定會覺得丟臉,從而在心裡對你產生厭惡。

其實,你可以換一種比較委婉的方式來規勸對方,你可以這樣對她說:「你穿短裙也不錯,不過我覺得你穿長裙更有氣質。」儘管前半句不是你的心裡話,但是你這樣說,對方一定會對你產生好感的。

如果你在不該說實話的時候說了實話,你極有可能遭到別人的反對甚至攻擊;相反,如果你巧妙地用「虛話」來回應對方,也許會有意想不到的收穫。

曾經有個女孩用一道題來考驗她的男友:「假如我和你的母親一起掉到河裡,你會去救誰?」男孩思考了片刻,答道:「我會去救你。」女孩說他「不孝」,轉身就走。後來,女孩又有了新男友,她又提出同樣的問題。男孩答道:「我會去救我的母親。」女孩生氣地說了句「你不愛我」,再次離去。後來,女孩遇到了一位花花公子,又提出了這個問題。他回答道:「我會與你做一對亡命鴛鴦。」結果,女孩高高興興地接受了這位男子的求婚,二人結為夫妻。

其實,前兩個人也許比這位花花公子更愛這個女孩,可是就因為他們太直接,不懂得「弄虛作假」,才與愛情失之交臂。

所以說,在某些情況下,說一些虛話往往比說實話更容易讓人接受。當然,這並不是鼓勵大家說那些虛情假意的話,畢竟,真誠才是人與人交往的基礎。我們應該注意的是,在人際關係中,如果一些實話會傷害他人的利益,我們就應該對實話進行「加工」,使其稍微帶一些「虛假」成分 —— 但不要太過虛偽,我們才能在社交活動中贏得他人的認可。

第六章
掌握分寸得圓滿

俗話說：「沒有規矩，不成方圓。」生活中的人和事都離不開分寸，所以在與人相處言談中必須要有分寸。懂得分寸的人，在與人交往言談的過程中，能收，能轉彎，能下臺，能留有餘地，能適可而止，能使對方知難而退，也能使自己保持主動。不懂分寸的人，說起話來，一發不可收拾，把已成功的事情變成了僵局，沒有轉圜的餘地。

生活中難免會遇到一些不如意的事情，如果在這些事情上能掌握好分寸，每一句話都能說得輕重適宜、進退有據、合情合理，婉轉動聽，那麼很多糾紛、困擾、爭執、衝突，都可以得到解決。說話分寸感極強的人，他們不但能夠控制自己的分寸，同時也善於調整別人的分寸，在許多不同的分寸之間，加加減減，使各方面的人，都在他們的調節之中，盡快找到解決的辦法。所以，逢人只說三分話，未可全拋一片心，有的話不宜說得太明，有的話不可說得太尖刻，說話應點到為止。

## *1.* 玩笑不要開過頭

玩笑是一種特殊的交流方式，人們在互相認識的過程中經常會開兩句玩笑，這樣可以活躍氣氛、調節情緒，也能令談話者感受到和諧輕鬆，對增強彼此之間的感情是有好處的。但是，就像適量的鹽可以讓食物味道鮮美，放太多會讓人難以下嚥一樣，開玩笑時，必須注意玩笑不要開過頭，否則就會造成相反的效果，傷害他人的自尊和感情。

一位世界聞名的鋼琴家，受一家劇院的邀請，準備舉辦一場豪華的音樂會。但就在音樂會舉行的當天，天降大雪，很多聽眾都因為天氣沒有趕來，劇場內有一半以上的座位都是空著的，劇場的聽眾發現人這麼少，都有點不安 —— 他們怕這位鋼琴家生氣罷演。

　　鋼琴家也沒想到會出現這樣的情況，但他很快恢復平靜，為了化解這種尷尬局面，鋼琴家沒有急於開始演奏，而是跟聽眾們開了一個玩笑，他說：「親愛的朋友們，看來你們都是這個城市裡的有錢人，因為你們每個人都買了兩個座位來聽演奏！」聽眾們一聽，頓時放鬆下來，音樂會也得以順利進行。

　　鋼琴家的玩笑開得恰到好處，使人們放鬆了心情，愉悅地欣賞了一場高水準的鋼琴演奏會，但是，一旦玩笑開過頭，就可能會造成非常嚴重的後果。

　　掌握不好分寸，就可能會造成無法挽回的嚴重後果。所以，當我們決定要開玩笑時，必須先考慮聽玩笑者的性格、身分、心情處於什麼樣的狀態。

　　例如，跟沉默寡言、性格敏感的人就不適合開玩笑，因為他們很容易產生聯想，以為你是在嘲笑他們。晚輩對長輩不宜開玩笑、與異性交談時不適合開一些內容庸俗、下流的玩笑，這樣很容易引起對方的反感。當別人遭遇什麼重大變故 —— 如失去親人、失戀、失業的時候，要多多安慰，不要讓人誤以為你是在「落井下石」。

　　如果想跟對方開玩笑，那麼就應該考慮以下幾個方面的問題：

　　不同的人對玩笑的承受能力是不一樣的，同樣一個玩笑，有的人能夠接受，有的人也許就不樂意接受。

　　開玩笑不是惡作劇，有的人不用語言開玩笑，而是用某種動作，目的是讓對方出醜，那麼這種玩笑就很可能傷害對方感情，有時甚至還會出現人身傷害，所以這種玩笑千萬要不得。

　　開玩笑不是取笑別人，要尊重對方，有些人拿別人生理上的缺陷、心

理上的創傷、行為上的失誤這類敏感問題開玩笑，就很容易傷害對方的自尊心，導致不歡而散、甚至是絕交的惡果。

　　總之，開玩笑雖然有利於活躍氣氛，加深友誼，但一定要注意分寸。

## 2. 讚美對方，更讓他感覺舒服

　　人們都有這樣一種認知：在與人交談的時候，要多說一些讚美的話，這樣對方才會願意繼續與自己交談，進而可以尋找有利的機會實現自己的目的。至於這些讚美的話應該怎麼說，則很少有人關心。

　　實際上，讚美作為一門藝術，與所有事情一樣，都要掌握分寸，孔子說「過猶不及」，意思就是說，事情做過頭，與事情沒做好相比，效果都是一樣的。讚美他人也是如此，讚美得不夠，就不能讓對方高興；讚美過頭，又可能會讓人感到肉麻、反感，所以，讚美別人時掌握一個合適的程度是非常重要的。

　　所以說，讚美之詞不可濫用，更不能過度。否則讚美就很容易變成吹捧，讚美別人的人不但不會收穫微笑，反而要吞下被置於尷尬地位的苦果。

　　讚美不可過多，否則就不會產生應有的效果了。讚美確實能讓別人產生好感，但也應該「省著用」。有的人出於職業的原因，把讚美當成了一種習慣，不管看到什麼人，都要讚美一番。但是時間一長，人們就會認為他讚美別人只是一種習慣，並不是真心的。同樣，在管理員工的時候，恰當地運用讚美可以提高員工的積極性，但也不能濫用讚美。要是員工的表現稍微好一點，就對其大加讚美，時間長了，讚美的激勵作用就會減弱，有時甚至還會造成相反的作用，因為員工會覺得主管是個沒見識的人，從

內心輕視之。

當然，珍惜自己讚美的言辭，不是說不要讚美別人，而是要用在刀刃上，不該讚美的時候，就不要浪費讚美；該讚美時，也不要吝惜自己的讚美之詞。在讚美員工時：應在實事求是的基礎上進行，同時還要注意說話的分寸，讓讚美有所保留，例如在讚美員工的同時提出進一步的希望和要求，或是提出一些批評，以免員工聽了讚美之詞會產生驕傲、自滿的情緒。

另外，在讚美之詞出口之前，要先想一想自己的話是否合適，千萬不要產生歧義，否則會讓對方覺得不是讚美，例如：「恭喜你啊，失敗了這麼多次，總算有一次是成功的。」聽起來更像是對這個人的侮辱或貶低，根本察覺不到讚美的意思。對於這一類的問題，我們更應該小心避免。

## 3. 勝券在握的告狀技巧

在職場中，告狀的現象經常出現，有的人是因為受了委屈，有的則是出於對同事的嫉妒或報復，還有的是想表示忠心。不管是出於什麼原因，告狀之前一定要三思，即使覺得自己告狀是對的，也會被認為是在內鬥，搞不好自己的同事沒有被「告倒」，反而「賠了夫人又折兵」。

《三國演義》中有一個故事，對那些總想著告狀、扳倒同事的人是一個很好的警戒：

曹操想從兩個兒子曹丕、曹植中挑選一個作為繼承人，但是一直猶豫不決。曹丕心機深沉，在謀士吳質的幫助下，暗中籠絡了不少大臣；曹植聰明過人，喜歡與文人名士交往，楊修就是其中的一個。

曹丕怕父親發現自己經常和吳質來往以後會產生疑心，於是每次請吳

質商量事情，都要讓吳質藏在一個大箱子裡，聲稱是綢緞。這件事碰巧被楊修知道了，楊修認為這是打擊曹丕的好機會，想都沒想就向曹操告狀。曹操十分生氣，派人藏在曹丕家門口，準備抓住吳質。沒想到，曹操身邊的人把這個消息告訴曹丕，曹丕和吳質決定將計就計。第二天，又有人抬著一箱綢緞要進曹丕的家門，曹操派來的人一查，發現裡面果然是綢緞，於是把這件事報告給曹操。曹操認為是曹植指使楊修陷害曹丕，於是漸漸不再喜歡曹植，後來又找藉口殺掉了楊修。

楊修之所以「偷雞不成蝕把米」，就是因為太急了，如果他能夠仔細想想，就會知道自己告曹丕的狀是多麼危險的一件事。但他急於讓曹植成為繼承人，根本不考慮後果就去告狀，結果為自己也埋下了禍根。

同事之間的關係十分微妙，既需要合作，也存在著激烈的競爭，這些競爭手段通常都是不正當的，當自己受了委屈或處於劣勢時，告狀這個辦法確實可以讓自己獲得上司的信任和幫助，甚至幫你直接打倒對手。但是，告狀就像逆水行舟，如果你不能握有證據，那麼不僅不能在競爭中獲勝，還可能反受其害。所以，聰明的告狀者都會採用巧妙的告狀方法。

告狀的成功與否，一是要看你的證據是否確鑿，二是要看處理「案子」的人是什麼態度。

明智的上位者不會喜歡告狀的人，「來說是非者，便是是非人」，一旦你親口告同事的狀，就會讓主管留下一個不太好的印象。這時，就需要你施展自己的聰明才智，從大局、從公司的利益、主管的利益去分析，讓他完全相信你所說的話。當然，在職場中，應當儘量少告狀，越少越好，但一旦爭鬥發展到你死我亡，非告狀不可的地步，那麼你就應該做好準備，千萬不要因為過於急躁致使告狀不成，反受其害。

# *4.*「不說」也是一種有效的溝通

　　說話是為了達成自己的目的，但有些時候，你說得越多，反而越對自己不利。比如當你跟別人談論一個不熟悉的話題時，如果你不懂裝懂，就很容易留下笑柄。比如當你跟別人辯論時，一旦說多了，就容易讓對方抓住漏洞，對你進行回擊。我們應該明白，與人交談不僅僅是消遣，也是一個開拓眼界、增長智慧的過程，如果你說得太多了，就讓自己了解對方的機會變小了。在某些特殊的場合，閉上自己的嘴反而能夠達到一種「無聲勝有聲」的效果。

　　當別人已經感到疲倦、厭煩的時候，就應該識趣一些，閉上自己的嘴 ── 就算你還沒有開始說話，這樣可以讓人留下一個好印象。

　　兵法上說：「知己知彼，百戰不殆。」當你在與別人談判或辯論的時候，如果你總是滔滔不絕的說話，就給對方思考的時間，與其這樣，不如你先保持沉默，讓對方先陳述自己的意見，這樣或許可以為自己帶來意想不到的收穫。

　　「沉默是金」，有人總以為滔滔不絕地說話才能展現自己的能力，其實適時保持沉默反而更能為自己帶來好處。「沉默是金」並不是要人一句話也不說，而是在不適合說話的場合閉嘴，在合適的時候只說一句話就很有力量。

　　沉默應該是一種沉著、一種淡定，如果能在沉默的同時表現出自己的自信，那麼就能讓自己有一種神祕感，使別人猜不透自己真正的意圖，這樣不是對自己更有利嗎？

## 5. 薪水，永遠是敏感的話題

　　職場內部有很多敏感話題，薪資無疑就是其中之一。很多公司在員工入職的時候都會告訴員工：「不要打聽別人的薪資。」有的公司甚至將之當成一項制度寫進員工守則裡，暫且不論這樣的做法是不是合法，對個人和公司來說，在與同事聊天的時候迴避這個話題確實是利大於弊。

　　你也許會感到不解：薪資多少我想跟誰說就跟誰說，公司有什麼權力管我的私事。其實，只要想想談論薪資到底有什麼意義，就明白公司為什麼不喜歡員工談論了。

　　薪資是人們非常隱私的話題，一涉及到錢，人們會非常在意，很多人都有一種攀比的心理，想知道自己的薪資在同事之間處於什麼位置。按理說，法律並沒有規定不許人們談論薪資，所以人們是可以自由談論的；但對企業來說，這個話題就像炸彈，一旦觸動就會爆炸，威力足以在整個辦公室內部掀起一場風波。

　　兩個剛剛畢業的大學生同時到一家公司工作，由於學歷相當、工作性質相同，時間一久，兩個人在私下也成了無話不談的朋友。一天，兩個人一邊吃飯，一邊閒聊，說著說著就聊到了薪資，其中一個說道：「一個月兩萬八根本不夠花，除了租房、吃飯，想買件衣服都得猶豫好久。對了，你薪水多少啊？」對方本來不想談起這個話題，但也不好意思拒絕，只好如實說了：「我比你多兩千，一個月三萬塊。」月薪兩萬八的那位一聽，臉色立刻變了，回到公司以後，他立刻跑到財務經理那裡大吵大鬧：「我們學歷一樣，做一樣的工作，他憑什麼比我多領兩千？」不管財務經理如何解釋，他就是不聽。

　　「人為財死，鳥為食亡」，工作的直接目的就是為了賺錢，事業、理想

都在其次，所以一旦涉及到薪資，人們就會特別敏感，聽到別人的薪資比自己多，就嫉妒人家。聽到別人薪資比自己少，又認為別人不如自己，輕視對方。有些事情就是這樣，知道了反而會替自己增加無窮無盡的煩惱，還不如不知道的好。

談論薪資的另一個弊端就是打擊士氣，「一鼓作氣，再而衰，三而竭」，如果不去談論，那麼同事可能會一直保持士氣高昂；若是因薪資多寡而產生矛盾，那麼勢必會有人士氣低落甚至衰竭了。工作做不好，既影響公司的效益，同時又影響自己，使自己的薪資變得少，形成惡性循環。

有的人總是忍不住想跟同事談論薪資問題，甚至形成了一種心理障礙，想跨過這道障礙並不難。首先應該明白一個道理：在一個完善的制度下，就算你和同事站在同一個起跑線上，一旦進入工作狀態，就會產生快慢、優劣之分，薪資除了給付勞動者報酬之外，還能發揮激勵和督促作用。練武的人都知道一句話，叫做「技法無高下，功力有深淺」，薪資很大程度上展現了一個人工作能力的高低、工作態度的認真與否。知道這一點，我們就可以明白，一分付出，一分收穫，你對工作付出了多少，就會從中得到多少回報。放寬自己的心態，只要覺得薪資對得起自己的付出就可以了，何必計較他人多少呢？

所以，我們應該儘量避免與同事談論這個話題，不要主動打聽，遇到別人問你，最好一開始就告訴對方：「對不起，我們要尊重公司的制度，在辦公室裡不談薪資。」如果對方先說自己的薪資，然後再問你，你也可以微笑著回敬一句：「啊！你太厲害了，比我多多了！」然後趕緊轉移話題。

## 6. 為話裡加「糖」而不加「醋」

在工作中，我們要與同事進行合作，同時還要互相競爭，既然有比較，就肯定有優劣。這時，如果你看到別人做出成績就「眼紅」，跟人說話的時候總是陰陽怪氣，就很容易與對方形成隔閡，有時還會產生難以化解的矛盾，甚至替自己帶來災禍。

為什麼有的人說話總是帶著一股濃濃的酸味呢？說穿了，其實就是嫉妒心作怪，因為嫉妒別人比自己強，又不想公然與別人對立，所以就採用這種辦法來發洩心中的不滿。這實際上是很不成熟的表現，這樣做不僅不能為自己帶來任何好處，反而讓同事留下了愛嫉妒的印象，一到升遷、加薪的時候，絕對不會考慮這樣的人。更重要的是，在嫉妒心的驅使下，很多人還會做出一些蠢事，最終害人害己。

亨特是辦公室裡的熱心腸，大家經常向他請教工作方面的事，亨特總是知無不言、言無不盡，但是，在辦公室工作多年的卡爾卻見不得亨特這副受歡迎的樣子，當亨特為露西解答一個問題，露西說「謝謝」時，卡爾就會怪腔怪調地說道：

「對啊，你就是應該好好感謝亨特，人家可是一個學問淵博、口才又好的人哦！」

當亨特禮貌地請卡爾「教」他時，卡爾又會這樣說道：

「不敢不敢，我學歷又低，又沒有什麼本事，怎麼敢指教亨特先生呢？」

最嚴重的是在舉行的宴會上，亨特正在跟老闆聊天，卡爾正好路過，對老闆說了一句：「老闆，亨特可是個很有才華的年輕人啊，我們辦公室有他在，就算我離開了，他也可以把辦公室的工作做得非常出色。」

卡爾的話剛說完，老闆的臉色就變了，亨特的臉也一下子變得通紅。但卡爾卻非常得意地走了。

沒過多久，老闆就找了個藉口，開除了卡爾，正式任命亨特負責管理整個辦公室。

其實，老闆對卡爾還是很器重的，但他總是用一副酸溜溜的語氣跟同事說話，嚴重影響了辦公室的團結，最終還是下決心把他開除了。

嫉妒心是一種可怕的心理疾病，如果不能正確對待，就很可能做出一些不正常的行為，到頭來不僅害了別人，也會害了自己。有個孫龐鬥智的故事，說的是戰國時期魏國將軍龐涓因為嫉妒自己的同學孫臏，故意在魏王面前說孫臏的壞話，使孫臏受到挖去膝蓋骨的刑罰，但孫臏卻運用自己的計謀逃到了齊國，後來齊國和魏國交戰，龐涓中了孫臏的計策，被迫拔劍自刎。如果龐涓沒有那麼強的嫉妒心，或許就不會發生這樣的事了。

當我們在工作中遇到比自己強的同事時，產生嫉妒心其實是很正常的，關鍵是要控制住自己，不要表現出來，否則，不僅會使你和同事之間產生矛盾，還會讓你在其他人的眼中變成一個小心眼的人。

想控制自己的嫉妒心其實很簡單，當你發現有人比自己強時，千萬不要圖嘴上痛快就說出一些酸味十足的話，應該仔細分析一下，同事為什麼會比自己厲害，應該向對方學習什麼，同時找到自身的優點，儘量展示出來，贏得同事的讚譽。這樣，你和同事就能在一種良性競爭中共同進步，而不是做一些互相攻擊、「親者痛，仇者快」的事情了。

## 7. 模稜兩可易惹禍

同樣的一句話，在不同的情境下說出來，就會產生不同的意思，甚至截然相反。「禍從口出，病從口入」，在辦公室裡說話應該小心，因為你不知道你說的哪句話就得罪了別人 —— 你本來說的是一種意思，但別人卻聽成了另外一種意思，這並不是危言聳聽，很多人就是因為話沒有說清楚而替自己招來了禍患。

《三國演義》記載了這樣一個故事：曹操刺殺董卓失敗，連夜逃出洛陽，結果在半路上被陳宮抓到，陳宮敬慕曹操忠義，拋棄官職跟著曹操一起逃走，兩個人走了很久，又累又餓，這時，曹操突然想起父親的結拜兄弟呂伯奢就住在附近，於是和陳宮兩個人來到了呂伯奢家裡。

呂伯奢吩咐家人準備飯菜，自己親自到鎮上去買酒，曹操和陳宮正在休息，突然聽到後院有磨刀的聲音，他們覺得很奇怪，於是悄悄來到後院，只聽有人說道：「捆起來再殺。」曹操一聽這句話，以為呂伯奢的家人是要殺自己，於是就和陳宮拔出寶劍，把後院的人殺了個乾乾淨淨。等到他們來到廚房，發現地上躺著一頭捆好的豬，這才知道是錯怪了呂伯奢的家人。

作者羅貫中寫這個故事的目的在於表現曹操多疑的性格，但如果呂伯奢的家人在說話的時候把要殺的對象說清楚，也許就不會發生這樣的慘劇了。

這雖然是小說中虛構的故事，但放在今天來看，依然十分有用。比如主管交代下級做什麼事情，如果說話過於模糊，那麼下級就很可能做得不合心意，甚至完全違背老闆的意願。比如同事之間互相幫助，一不留神，就很可能讓自己的話變得語意模糊，你想表達的意思與對方理解的意思正

好相反了。

第二次世界大戰時期，德國為了在短時間內逼迫英國投降，經常會派飛機轟炸倫敦。英國空軍並沒有被嚇到，而是時刻保持警惕，勇敢地與敵人作戰。一天，倫敦大霧瀰漫，這時，天空中突然飛來了一架來歷不明的飛機，英國空軍趕緊操縱戰鬥機起飛迎敵，等到他們飛到近前，才發現那是一架民用飛機，於是飛行員趕緊與指揮部聯繫，把情況告訴了指揮部，並請示是否應該按照慣例將其擊落，指揮部的回答只有短短的三個字——「別管它」，於是，英國飛行員萬彈齊發，頃刻間就把那架飛機打了下來。結果，英國政府為此付出了一大筆賠償金。

一句短短的「別管它」，實在無法確定它到底要表達什麼意思，也許指揮部的意思只是說「不要干涉它，讓它自由飛行」，但一心想著保護國家安全的飛行員卻理解成了：「不管它是哪國的飛機，先打下來再說。」

在職場中，雖然不會因為一句話沒說清楚就害死人，但也不可掉以輕心。你說的話如果不夠清楚明白，就很容易讓人產生歧義，真要出了差錯，那可真是公說公有理，婆說婆有理，誰也扯不清、道不明。不管你如何辯解，你在老闆心目中已經留下了這樣的印象：「這個人太年輕，做事不太牢靠。」所以說，當你要說話之前，一定要先想想，是否會讓人產生誤解，如果容易產生誤解的話已出口，那麼就應該及時補充說明，以免同事在錯誤的道路上越走越遠。

## 8. 用心傾聽下屬的話

美國總統林肯曾經說過：「首先，要學會做一個好的傾聽者，然後你才能成為生活的主角。」但是，在工作的時候，我們經常會遇到這樣的情

況：下屬匯報工作或是提出建議，但往往話還沒說完，就被粗暴地打斷了，接著，主管根據自己以往的經驗對員工進行批評甚至是嘲諷。這樣做的結果是，主管沒有明白下屬的意思，對工作造成了很大的麻煩，甚至造成了龐大的損失。

有這樣一個笑話：有個口吃者到酒吧喝酒，調酒師向他推薦一種價格非常昂貴的酒，結果口吃者說道：「喝……喝……」，調酒師一聽，立刻把酒打開了，結果口吃者後面又冒出兩個字「……不起」，口吃者的意思本來是說「喝不起」，但見慣了打腫臉充胖子的顧客，調酒師以為口吃者要喝這瓶酒，於是就急著打開，結果鬧出了這樣的笑話。

這個笑話雖然有些誇張，但類似的情況不也常在職場中發生嗎？有些主管甚至是公司的老闆，一見到下屬來找自己，就想當然地以為他們是要來找麻煩，因此往往急匆匆地說道：「你說的意思我明白了，這件事我會盡快解決，你去工作吧！」要不然就是：「你總想著升遷、加薪，就不想想怎麼做好工作？」

實際上，下屬可能是來向他報告一些好消息，也可能是想向他提出一個好建議，但是，因為老闆盲目相信自己的權威，以為自己見多識廣，以為別人心裡想的自己都明白，為了顯示自己多麼聰明，就以打斷別人、說出別人的想法為榮，實際上，往往是自作聰明，對人對己都沒有好處。

作為企業的管理者，是不是也應該經常問問自己：我真的聽懂員工的話了嗎？我是不是也習慣性地用自己的權威打斷他們的想法了呢？設身處地為員工想想，如果你是一個想要提出建議或報告工作的員工，受到了這樣的誤解，你的心裡能平靜嗎？

打斷員工的話語，一方面容易使自己做出武斷的決定，另一方面使員

工缺乏被尊重的感覺。這樣時間久了，手下也不會積極向上級反饋真實的訊息。反饋訊息系統被切斷，領導者就成了「孤家寡人」，在決策上就成了「睜眼瞎子」。所以，與手下保持暢通的訊息交流，將會使你的管理順風順水，以便及時糾正管理中的錯誤，制定更加切實可行的決策和計畫。

## 9. 說得好，更要做得好

　　一個不會說話的人，在與人交談的時候會遇到很多麻煩，所以說，鍛鍊自己的口才對每個人都是非常重要的。但是，我們也常常會遇到這樣一些人，他們能說會道，初次接觸時會讓你留下非常好的印象，你也許會認為這樣的人無論走到哪裡都會受到人們的歡迎，但是，這樣的人卻經不起時間的考驗，跟他來往的時間一長，你就會發現這樣的人只是嘴上說得好聽，做起事來卻拖拖拉拉，慢慢地，你對他的印象也會大打折扣。

　　列寧（Vladimir Lenin）曾經說過：「一疊厚厚的綱領不如一次實際行動。」在公司中，不管是老闆也好，還是普通員工也好，最好是能說又能做，如果你說不好話，卻能做好自己分內的工作，也不算失職，唯有那些只會耍嘴皮子卻不能做事的人，最令人討厭。

　　「路遙知馬力，日久見人心」，那些能說不能做或光說不練的人，時間長了自然就會被別人識破，所以他不可能永遠都靠著說話來讓自己獲得利益。孔子曾經說過「君子訥於言而敏於行」，意思是說，君子應該說話謹慎，注重行動。由此可見，說得好固然重要，但最需要的是做事的人，因此做得好才是更重要的。

　　戰國時期，趙國的廉頗和趙括就是能做和能說的兩種代表人物。廉頗是戰國名將，為人沉默寡言，但軍事才能很高，他奉命駐守趙國的邊境，

與秦國軍隊對峙，秦國攻打了很久也沒有進展。而趙括卻正好相反，他自幼熟讀兵書，經常跟別人談論軍事，就連他的父親──趙國的另一位名將趙奢也說不過他，趙王以為趙括是個人才，就派他接替了廉頗的職務。結果，只會紙上談兵的趙括根本沒有實戰經驗，趙國沒過多久就被秦國打敗了，趙括和四十萬趙國軍隊全都被殺死了。趙國從此元氣大傷，再也無力與秦國對抗。

有的時候，在一個公司中，也需要一些會說話的人，但管理者必須要認清他們的優點和缺點，如果讓他們做一些宣傳、企劃性質的工作，就能夠充分發揮他們的長處，但如果要做事，最好還是讓那些能夠承擔重任的人來做。《三國演義》中，諸葛亮手下的馬謖是一個好參謀，但諸葛亮卻讓他帶兵駐守街亭，驕傲自大的馬謖自以為謀略過人，讓士兵駐紮在了小山上，結果被魏國的軍隊包圍，馬謖慘敗而回，街亭也失守了。最後，諸葛亮不得不「揮淚斬馬謖」。

說話是為了達成某種目的，說得好、說得令對方心動無疑是達成目的的一個信號，但是，話說完了並不意味著事情就全部做完了，如果說出來的話不能全部兌現，那麼對方就會懷疑你的誠意，甚至質疑你的人品。所以說，不管是在職場，還是在平時的生活中，誰也不能做「語言的巨人，行動的矮子」。

## 10. 臉皮厚一點，麻煩少一點

在工作中，難免會因為性格、興趣、工作習慣的不同與同事產生矛盾與分歧，這是很正常的，關鍵是在矛盾發生以後，去面對跟自己有矛盾的同事。很多時候，這種矛盾只要互相讓步就可以化解，一句道歉，一個微

笑就足夠了，但是，很多人都認為主動向對方示好是一種懦弱、沒有骨氣的表現，他們經常會有這種心態：

「這件事不是我的錯，要想讓我跟他繼續來往，除非他能向我道歉！」

「就算這件事的主要責任在我，但他也有一定的責任啊，雙方必須都道歉。」

「向他道歉，太沒面子了吧，以後大家會怎麼看我啊？」

以上幾種態度都是人們想和解卻又不願意主動和解時心裡所想的，歸根到底，人們之所以不願意和解，都是因為面子上過不去，有一種不太正常的自尊心在支撐著他們將錯就錯，而且很容易一錯到底。

如果能夠放下自己的面子，放下心裡的顧忌，厚著臉皮向與你有矛盾的人承認錯誤，即使自己沒有錯，也能夠主動向對方打招呼，那麼在對方的心裡，也會覺得不好意思，雙方的誤會很快就可以解決了。

「臉皮厚，吃個夠；臉皮薄，吃不著」；意思是說當大家在一起吃飯的時候，那些能夠吃飽的人，都是一些不管別人如何評價自己的「吃相」的；而那些想在別人心目中留下好印象的人，往往會刻意拘束自己，不敢去夾遠的菜，近的菜也只是淺嚐即止，結果吃了半天都沒有吃飽。

事實上，吃飯就是吃飯，就算你吃相不雅，只要控制在一個合理，別人也不會覺得你沒有教養，反而可能認為這是你真性情的流露，認為你十分率直、真誠。

吃飯和做事的道理是一樣的，我們可以想一想，在生活和事業上過得比較舒服的人，通常都是那些能夠放下面子，主動跟別人示好、道歉的人，這樣的人經常被人們稱為「厚臉皮」，漢高祖劉邦就是一個典型的厚臉皮。

秦朝末年，劉邦和項羽分別帶領一支起義軍反抗秦朝暴政，他們約定，誰先攻入秦朝的首都咸陽，誰就可以稱王。當時，項羽的實力強大，打敗了秦朝的主力軍隊；而實力弱小的劉邦卻趁著這個機會攻占了咸陽。項羽認為劉邦沒有資格稱王，非常生氣，準備派兵攻打劉邦。這時，劉邦在張良的建議下，主動來到項羽駐紮軍隊的鴻門，向項羽謝罪，項羽也覺得自己師出無名，因此覺得有些不好意思，再加上范增派項莊在吃飯的時候舞劍，想要殺掉劉邦，更讓項羽覺得對不起劉邦，最後打消了攻打劉邦的主意。

正是因為劉邦在關鍵時刻懂得放下自己的面子，向項羽道歉謝罪，讓項羽的自尊心得到了滿足，同時也意識到秦朝的勢力仍然存在，兩人還需要合作攻打秦朝，所以才和劉邦消除了「誤會」。

所以說，不管與什麼人來往，當與對方出現矛盾時能夠放下自己的面子主動示好的人，才可以算是一個成熟的人。這是一種做人的姿態，能夠讓別人方便，也能讓自己方便，而且可以消除隱藏的禍患，讓自己的人際關係變得更加協調。

## 11. 太客氣也不好

待人以禮是人際關係中的基本要求，我們在跟別人談話的時候要表現出謙恭、禮貌的態度，才能讓陌生人留下良好的印象，讓自己與朋友之間的關係變得更加和諧。

但是，過猶不及。當我們與別人談話的時候，如果表現得太客氣，也會讓人感到非常彆扭。也許你曾經有過這樣的經歷：你到一個朋友家裡去做客，朋友對你異常客氣，每當你說出一句話以後，他都會唯唯諾諾，客

套話說個不停，生怕你會不高興。但是，你卻感到如芒在背，坐立不安，等到從朋友家出來以後，心裡頓時覺得輕鬆不少。

如果招待客人的是你，你會這樣做嗎？

客氣話是為了向對方表示恭敬或感激，只要能夠表達出意思、使雙方的感情得到恰當的交流就可以了，但如果說太多客氣話，就會在自己和他人中間形成一道無形的牆，客氣話說得越多，這道牆就會越來越厚，使雙方無法做更深的交流，更不能達到自己的目的。想解決這個問題，就必須把這道牆推倒。

如果是與對方初次見面，那麼多說幾句客套話還情有可原，但如果是第二次、第三次與對方見面，那麼就應該少說一些，否則，就無法建立更深的友誼。客套話說得太多，會讓人感覺到你是一個虛偽的人，比如，有人幫你倒了一杯茶，只要說一句「謝謝」就可以了，最多說一句「不好意思，實在太麻煩你」就夠了。如果非得用「啊，謝謝你，真是對不起，我不應該用這樣的小事情來麻煩你，我覺得真是不好意思，真是太感謝你了……」相信不管誰聽了，都會覺得很不舒服的，對方會以為你是在小題大做，或者醉翁之意不在酒，進而對你產生不良印象甚至是產生強烈的戒心。

客套話需要你用十二分的真誠說出來才能產生良好的效果，如果缺乏誠意，那麼就算說出來，也會讓人感到冷冰冰的，因為你沒有融入自己的情感。有的時候，如果一個人表現得過於客氣，甚至是冷漠、驕傲、輕蔑，別人對你越客氣，你會感到越難受，挑不出對方的任何毛病，但就是感到有種無形的壓力讓你喘不過氣來，甚至會讓你想早點離開。

如果你到別人家裡做客，過多的客套話會讓主人感到窘迫；如果你是

主人，說太多客套話就會變成「逐客令」，就算你在臨別時「懇切」地要求對方「再來」，對方也一定不會想再來這個地方。

在與朋友說話的時候，不妨直率一些，讓朋友感到你確實把他當成朋友看，這樣可以讓友誼更加真誠；與不太熟悉的人說話，見面簡單的客套幾句就可以了，接下來就可以談正事，不要過多地糾纏在那些「虛話」上面；如果是和同事甚至是老闆講話，就更不應該表現得太客氣，否則就會讓他們輕視你，甚至把你當成一個諂媚的小人。

如何表現出自己的誠意呢？就是不能讓自己與對方的客套太空洞，如雙方初次見面，與其跟對方說「久仰大名」，倒不如讓自己的恭維變得更具體一些，比如可以換成「您上次做的那筆生意一下就賺了幾千萬，真是令人佩服」，對方聽了這樣的話後，一定會感受到你的真誠，而不會感到空洞、虛假。

## *12.* 替自己的創意加道「防火牆」

剽竊是一種可恥的行為，因為它搶奪了別人的勞動成果，並堂而皇之地宣布這是自己做出來的。但是，因為它確實能為那些人帶來利益，所以，這種行為還是存在。

比爾和約瑟夫在同一家廣告公司上班，兩個人都很有才華。一天，老闆告訴他們，公司剛剛接了一個案子，讓他們在一週之內分別拿出自己的廣告企劃案。比爾很快就做好了，但約瑟夫卻一副愁眉苦臉的樣子。

下班以後，兩個人到酒吧喝酒，約瑟夫對比爾說：「嘿，你是怎麼做的？」比爾沒有多想，就把自己的思路告訴他。結果，到了開會討論的時候，比爾傻眼了，因為約瑟夫提交的那份廣告企劃案與自己的一模一樣，

比爾這才知道自己被約瑟夫算計了。

如果你辛辛苦苦地種了一塊地，等到收穫的時候卻被別人收走了，你的心情會是什麼樣？剽竊和偷盜其實沒有什麼區別，唯一的不同在於，偷盜的一般都是別人的財物，而剽竊的多是別人的精神財富。剽竊與抄襲還不一樣，抄襲是把別人的文字和語言直接複製過來，而剽竊顯然更具隱蔽性，聰明的剽竊者能夠從你的隻字片語中嗅到利益的味道，因此往往你的創意還沒有成形，就被別人據為己有了。

要讓自己的勞動成果不被別人剽竊，應該怎麼做呢？

如果你的創意還沒有完全成形，那麼就不要說出來，當有人 —— 尤其是同事問你「你是怎麼想的？」「你打算怎麼做？」你不妨這樣告訴他：「我還沒有想法，不知道從哪裡下手。」或者是「現在是休息時間，我們好好放鬆放鬆，工作的事情等到上班的時候再談吧？」

如果你的創意已經成形，那麼也要防備有人會剽竊你的成果。你應該事先做好準備工作，例如事先想好老闆可能會問的問題，並且對這個創意的目標、好處以及操作過程中遇到的困難都有了解。因為一個創意的提出是需要很多想法、資料、邏輯作支撐的，提出創意的人不同，他所找的資料、腦中的邏輯就肯定不會與你完全相同。這就可以防止別人剽竊你的創意，甚至是對已經剽竊你創意的人提供反擊的武器。

當你準備向老闆陳述自己的創意時，發現已經有同事把類似的「點子」告訴了老闆，那麼，為了把勝利的果實從小偷的手裡奪回來，你就應該把你準備好的問題提出來：「這個創意存在一些問題，請問你要怎麼解決？」因為剽竊的人通常都是看到了你創意的優點，很容易忽略其中的問題，如果他回答不了這個問題，那麼你就可以把自己的解決辦法拿出來，就算你沒有當場戳穿，聰明的老闆也能意識到你的價值。

　　另外，一個創意的最終確定需要反覆的論證，即使你的創意有很多優點，也可能被老闆否決，所以，你應該準備一、兩套備用方案，這樣即使自己的創意被剽竊，你也可以建議老闆不要採納該創意，轉而提出另一個創意。

　　對剽竊者，我們應該如何對待呢？跟他展開正面衝突是不明智的選擇，因為老闆一般不會在乎是誰的想法，老闆在乎的只是最終結果。所以，不妨表現得寬容一些，當你「戰勝」剽竊者之後，不妨邀請他一起合作，只要讓老闆明白誰才是最有價值的人就可以了。

## 13. 巧妙脫掉來自上司的「小鞋」

　　在公司上班，只要你不是老闆，就很難做到事事順心，如果你遇到一個比較明智的主管，遇到的麻煩可能會比較少，但如果你遇到一個小心眼的主管，你的日子可能就更不好過了。尤其是當你表現得非常突出的時候，主管就會嫉妒你，找你麻煩，有時甚至直接把你的功勞搶過來，讓你白忙一場。

　　相信你也被主管找過麻煩，比如：你走到主管那裡，問道：「經理，昨天我給您的那份文件簽字了嗎？」這時，經理也許會裝傻：「什麼文件？你根本就沒給我啊。」狡猾一點的人也許會翻箱倒櫃地找，然後對你說：「沒找到，你是不是沒有給我啊？」總之，就算文件明明就放在抽屜裡，他也會假裝沒找到，然後讓你自己在旁邊生氣。

　　面對以上種種情況時，很多人都會在忍耐與爆發之間選擇，但很少有人會去考慮解決的辦法 —— 既能保護自己的權利，又不讓主管變本加厲地「折磨」自己。

在剛進公司的時候，忍氣吞聲是必要的，因為這樣的人到處都是，即使你辭職，也很難保證在下一家公司不會遇到這樣的人。這時，應該化委屈為動力，怨天尤人、翻臉是沒有任何好處的，與其這樣，還不如想想如何改進自己的工作，讓對方挑不出毛病來。

想讓自己的業績不被搶走，就一定要留後路，如果自己成功地談成一筆業務，那麼把最後的結果報告給主管就好了，如果他向你要客戶資料，那麼你可以找個理由來拒絕，如果必須交給他，你也應該選擇一個恰當的時機，比如只有兩個人在場的時候，你可以說：「這些資料還沒有整理好，等我整理好了送過來給您。」然後，找個主管和老闆都在的場合，把資料交給他，這樣，讓老闆對你的工作看在眼裡，即使有人想據為己有，也必須要仔細審酌。

當你找主管要簽字的資料時，如果他推脫，你也不應該跟他發生爭執，最明智的做法就是趕緊回到辦公室，把需要簽字的資料重新影印一份，讓他當場簽字。

有的時候，主管甚至是老闆，會想趕盡殺絕，比如你想要辭職，老闆會威脅你：「如果你離開了公司，你就背上了忘恩負義的名聲，我會讓所有的同類型的公司都不錄取你。」不管老闆的話是真是假，你如果硬要辭職，就會冒一定的風險。如果你發現你的老闆是這樣一個無情無義的人，那麼就不能把自己想辭職的想法表現出來。

## *14.* 會調動，懶惰的同事也有「活躍因子」

工作中會遇到很多令你感到鬱悶的事情，其中之一就是與懶惰的人共事。這樣的人有的是性格懶散，有的則是故意偷懶，不管什麼原因，他們

做事的時候拖拖拉拉，經常會延誤工作，對自己和他人製造了不少麻煩，令老闆大發雷霆。

工作不是一個人做完的，它需要同事之間互相配合，一般來說，工作都有固定的流程，不管你負責的是前期還是後期工作，都應該盡快完成，怕就怕那些懶惰的同事用了很多時間才做完前期工作，留給你做後期工作的時間已經不多了；要麼就是你早早地做完了前期工作，那些人卻用了很久也沒有完成後期工作。如果因為好吃懶做、渾水摸魚的同事使自己被老闆責怪，相信你的心裡肯定委屈，但是，你能把同事怎麼樣呢？他甚至跟你不同部門，如果你向老闆抱怨，老闆肯定會說：「你自己沒把工作做好，還要去抱怨別人？」這樣的話，不僅不會讓懶惰的同事受到懲罰，反而會讓自己在老闆心目中留下不好的印象。

這種情況最容易發生在年輕的員工身上，如果你就是一個年輕員工，那麼一定要知道，生氣、發火是於事無補的，你應該為自己定下一個標準：別人交給我的工作，我一定按時完成，我交給別人的工作，一定要逼著他盡快完成。

為了讓同事和自己一起按時完成工作，你可以制定一個計畫表，什麼時間做什麼、做多少，如果同事一旦跟不上工作進度，你就應該催促他了。千萬不要等到工作的最後一天再去催促同事，因為那時已經晚了，你的催促很可能會變成一種指責，使那個同事變得煩躁甚至是惱怒。最好的辦法是每天都問一句：「今天做得怎麼樣？如果你不能按進度完成，到時候可沒人幫你啊！」有了你天天催著他，他就會重視目前的工作，就算他能力有限，確實不能跟上進度，你也可以提早發現，請求老闆再派一位同事來幫助你。

最初的一次或兩次延誤工作，你應該原諒對方，不過也要開玩笑似的告訴他：「下次不能這樣，要不然，我們可就吃不完兜著走了！」如果對方能夠誠懇地向你道歉，你不妨幫他個忙 —— 加班，幫他把工作做完。這種提醒是必要的，如果你不提醒他，他就會覺得拖個一、兩天也沒什麼關係，因為還有你幫他收拾殘局，那麼下次工作的時候，他還會這麼做的。

但是，這種催促和提醒不是對所有的人都有效的，有的人吃軟不吃硬，你好意提醒他，他會覺得不好意思，因此能夠盡心盡力地去完成自己的工作；而有些人卻屬於欺軟怕硬的那種，你催他快點工作的時候，他會說「催什麼催，到時候做完就行了！」或者是「我知道自己該怎麼做，用不著你來教我」，遇到這樣不識好歹的人，最好的辦法就是拉著他一起去找老闆理論。

老闆把工作交給你和同事來做，自然是希望工作順利完成，處理你提出的這種問題，對老闆來說，是非常頭疼的，所以，如果能夠不驚動老闆，最好還是內部解決。否則，這樣的事情一多，老闆就會感到不耐煩，到時候，他才不管誰對誰錯，只會一起罵你們，然後要你們自己看著辦，如果是那樣的話，可真是自己給自己找麻煩了。

## *15.* 做他人的「加油站」

無論是在生活和工作中，有些人總是有意無意地說一些打擊家人、朋友、同事的話，往他們頭上澆一盆冷水，讓他們的滿腔熱情一下子消失殆盡，感到失望、傷心甚至是憤怒。但是，對於潑冷水的人來說，他們以為所做的只不過是交流一下訊息，甚至是在幫忙。結果，他們不僅沒有考慮自己所說的話會產生什麼樣的後果，也在不知不覺中得罪了別人，甚至很

可能為自己埋下禍根。

很多人在聽到別人的雄心壯志時，會說出很多洩氣話，在很多情況下，就算他是出於一片好意，但這些話會產生一種強烈的消極氣氛，結果也與他們的本意相反。

在工作中，對別人潑冷水會令其精神上感到抑鬱，行動的積極性也降低，甚至不敢再嘗試新的事物，因為他可能會這樣想：「不管我說什麼、做什麼都不對。看來我什麼都做不好，我還是坐在辦公室，什麼也不做最好。我說的話越少、做的事情越少，他們向我潑冷水的機會就越少。」如果一個人在同事的心目中是這種形象，那麼他的職場生涯無疑是非常失敗的──這種人不會受到同事的歡迎，遇到了困難也不會有人來幫助他，他是一個真正的「孤家寡人」，當遇到一些性格偏激、報復心很強的人時，還會遭到報復打擊，替自己帶來很多麻煩，甚至是重大的災難。

想讓自己在工作中變成一個受歡迎的人，不替自己製造麻煩，那麼就必須時刻注意，千萬不要再向別人潑冷水了。例如，你請朋友幫忙做事，正常情況下，需要一天才能把這件事情做完，但是，你的朋友只來了一個小時就有事要走，那麼，你應該對他說什麼呢？如果你對他說：「唉，真倒楣，下次不能再找你幫忙了，否則我還得重新再找人。」那麼，你等於把冷水澆在了朋友的頭上。如果你的朋友聽到的是消極的批評、指責，那麼下一次他怎麼還會幫忙呢？這時，你的最佳選擇應該是感謝他，就算他只幫了你一點點忙，你也應該說出你的感謝：「謝謝你，朋友，希望下次我們能夠一起做完同一件事。」

每個人都想聽到積極肯定的讚美之詞，即使對方是跟你關係密切的好朋友也不例外，聽到你讚美之後，朋友也會非常樂意在你再次遇到困難的

時候來幫助你。

很多人不懂自己為什麼會受到同事的排擠和牴觸，那是因為他在向別人潑冷水的時候還完全沒有意識到，正是由於他的刻薄和嚴厲，使同事的心情受到了很大的傷害。

想避免這一問題，就必須在平時說話的過程中，儘量少批評，就算你覺得自己是在幫助別人，也可以用一些溫和的建議。同時，平時要多調整自己的心態，讓自己的心態變得更積極。

## 16. 藉工作匯報為自己的職場情商加分

身為下屬，匯報工作本身就是一項非常講究技巧的工作，有的人能讓主管眉開眼笑，心花怒放；有的人卻惹得主管一臉怒色，讓他覺得自己多了不少麻煩。這是因為：有的人能夠注意到匯報工作的時機，在匯報之前準備充分，而且能夠簡單明瞭的把自己要匯報的內容告訴主管，而有些人卻不懂這些，甚至如果沒人問，他就永遠不主動匯報。很顯然，前者能夠讓人高興，並且讓自己在主管心目中留下深刻的印象，為自己升遷加薪奠定了基礎，而後者卻只會讓主管為難，時間一長，這樣的人就會逐漸被淘汰。

理查敲開老闆辦公室的門，對老闆說道：「上週您交代的工作我擬定了兩種方案，這兩種方案各有利弊，但第一種方案顯然更好。」老闆聽了以後，微笑著說道：「那就按第一種方案來做好了。」

理查走後，老闆突然想起應該問問尼克工作得怎麼樣了，於是派祕書把尼克叫到辦公室：「嘿，尼克，你負責的那個專案怎麼樣了？」尼克滿臉是汗，然後心虛地說道：「對不起，老闆，前兩天我的電腦壞了，工作一

直都沒進展。」老闆一聽，臉立刻沉了下來，帶著責備的語氣說道：「電腦
壞了你不會修啊？公司那麼多電腦，你就不會先借一臺用啊？」尼克更加
驚慌，一句話都說不出來，老闆一看他的樣子，就更加生氣：「明天中午
之前把報告交給我。」

　　第二天，尼克帶著連夜趕出來的專案報告交給了老闆，老闆仍然沒什
麼好臉色：「你看，這不是一天就可以做好嗎？尼克，你做事總是這麼不
牢靠。」

　　匯報工作不是向老闆提出問題，而是應該提出解決問題的方案，理查
同時提出兩種方案，並且分析了兩種方案的優劣，拿出自己的看法；而尼
克卻不知道在電腦壞了的時候及時報告老闆，等到老闆問起時才結結巴巴
地以此為藉口來搪塞，相比之下，老闆當然更喜歡心思縝密、做事周全的
理查了。

　　匯報工作，選擇的時機不同，結果也就不同。哈里在一家小公司上
班，他想讓公司買一臺數位相機，這樣就不必再用傳統相機，然後再掃描
影印了，這是一個提高工作效率的好辦法，如果哈里能夠挑一個老闆高興
的時候提出建議，也許老闆當時就會點頭同意。但哈里卻偏偏趕在老闆剛
剛跟客戶生完氣的時候提出了申請，結果數位相機沒買成不說，自己還挨
了一頓臭罵：「沒數位相機就做不好工作了嗎，再說你現在工作也不是很
多，平時就已經閒得發呆，到處閒聊，已經有人有意見了，所以數位相機
沒必要買！」

　　有的人在匯報工作的時候喜歡「報喜不報憂」，只匯報自己的成績，
對自己的失誤或紕漏卻採取刻意隱瞞的做法，這是很不明智的。要知道，
隱瞞自己的錯誤只能讓錯誤越來越多，等到紙包不住火的那一天，不管你

之前向老闆報了多少「喜」，都會因為你暴露出來的錯誤把你之前的功績一筆勾銷。

總之，想在匯報工作時讓人滿意，就要事先做好充分的準備，不要「一問三不知」；拿出自信，不要胡言亂語，東拉西扯，要讓人覺得你可委以大任；工作上出現失誤，要勇於承擔責任，不要讓人對你產生猜忌。

## *17.* 為自己的主見添加一點勇氣

在職場中，人云亦云是一件非常危險的事情，因為它很容易讓你失去自己的個性，失去自己的創造力，如果你總是隨波逐流，那麼你就容易被老闆忽視。一般來說，明智的老闆都喜歡有頭腦、有主見的員工，所以，不管你在公司處於什麼地位，都要學會發出自己的聲音、勇於說出自己的看法。

真理往往掌握在少數人手中，這句話很多時候都是正確的，很多人缺乏判斷是非的能力，於是聽到大家說什麼，也就跟著說什麼。但是一個人成功的關鍵應該是堅持自己的主見，對成功充滿自信和樂觀的態度，而不是迷信和盲從。在職場中也是如此，只有堅持主見，才能脫穎而出，受到上司的重視和賞識。

有個參加面試的年輕人，走進辦公室以後，被老闆誤認為是自己女兒的「救命恩人」，不管老闆怎麼說，他就是不肯承認，因為他確實沒有救過老闆的女兒，結果，他最終被錄取了。而其他參加的面試的人，不是以為老闆記錯了，就是在老闆信誓旦旦的保證下鬆了口，結果都沒有被錄取。實際上，這是老闆耍的一個花招，目的除了檢驗面試者是否誠實之外，還要看看那些誠實的人是否勇於堅持自己的正確意見。

堅持主見不是頑固，而是實事求是，自己認為是什麼，就說什麼，就算自己的看法是錯誤的，也勇於拿出來。每個人都會犯錯，只要勇於改正錯誤，就依然是好員工，怕就怕有人在不敢確定自己是對是錯的情況下就隱藏自己的真正見解，說出符合主流的聲音，如果是這樣的話，老闆聽不到不同的聲音，就很容易做出錯誤的決斷，帶來損失。

即使你不是老闆，如果你的行動完全取決於別人對你的「建議」、「看法」時，你就會迷失自我，找不到正確的前進方向，最終淪為服從他人意願的奴隸。

歐洲中世紀的偉大詩人但丁（Dante Alighieri）曾經說過：「走自己的路，讓別人去說吧！」對不敢堅持主見的人來說，這是一個最有力的支持與鼓勵。所以，如果你對工作已經形成自己的看法，那就不要再讓別人的「建議」左右自己，甚至完全取代你的主見！堅持你的主見，讓自己的個性與才華得到展現，才能得到上司的器重和讚賞。

## 18. 職場生存要學會感恩

對每個員工來說，職場就是他發揮個人才幹、展現個人魅力的舞臺，而為他提供這個舞臺的人，就是公司的老闆。他之所以能夠發揮、展現魅力，也離不開主管的鼓勵，同事的支持。所以，我們在與主管、同事相處的過程中，要學會感恩，帶著一種感恩的情懷包容一切。

一位工作非常出色的經理向老闆提出辭呈，經過溝通，經理道出了自己辭職的原因，原來，他總感覺總監對他有成見，具體說來就是總監對他很嚴厲，只要有一點差錯就要處罰他，讓他很沒面子，而且，他工作做得越好，總監給他的任務就越多、越重。

　　老闆沒有直接勸他留下來，而是問了他兩個問題：「你在公司已經做了好幾年了，哪個階段是你能力提升最快的階段？另外，對今年的年薪是否滿意？」

　　這位經理絲毫沒有猶豫，回答道：「最近兩年工作能力提升最快，對今年的收入也相當滿意。」

　　老闆笑著說道：「其實，你應該感激這位總監。因為他給了你工作的機會，也讓你得到了成長。人都是有惰性的，他肯定是發現了你的惰性，才會逼著你做，讓你在潛移默化中改變壞習慣，養成好習慣，丟掉惰性。」這位經理恍然大悟，於是有些羞愧地收回了自己的辭呈。

　　「千里馬常有，伯樂不常有。」如果你自認為擁有千里馬的潛質，那麼即使遇到伯樂，也會經受一段艱苦的成長階段，「天將降大任於是人也，必先苦其心志，勞其筋骨」，怨天尤人不能解決任何問題，只有學會感恩，才能讓自己獲得更大的進步，最終成為一匹千里馬。

　　很多人都下過象棋，下棋時，需要「將」或「帥」統籌全盤，「士」和「相」出謀策劃，「馬」、「炮」、「車」、「卒」互相配合，衝鋒陷陣，才能贏得最後的勝利。但是，每個棋子都有固定的功能和走法，其他的棋子有時會擋住你的去路，有時又會勇敢地站出來保護你，這就是你和同事之間的關係。所以，當你認為同事擋住你去路的時候，千萬不要固執地認為他是在打擊、排擠你，因為他也可能是在保護你，多想想他們對你的幫助，才能更融洽地與同事相處。如果不懂得感恩，就不可能在事業上有什麼大的作為，有時還會遭到嚴厲的懲罰。

　　一位大學生畢業之後進入了一家公司，上到老闆、下到同事，雖然在工作上對他很嚴厲，但私下卻對他很好。過了半年，公司派他出國進修，

前前後後在他身上投入了十幾萬，但是，這個畢業生回國之後，卻自覺身價上漲，不想在這家公司做了，對同事也從原來的恭敬、聽話變成了傲慢、指責，不久，他遞交辭職信，跳槽到了另外一家公司。

後來，另外那家公司聽說了大學生「忘恩負義」的事情之後，果斷地跟他解除了勞動契約，其他的公司知道這件事以後，紛紛拒絕了他的求職信，這個大學生最終嘗到了自己釀成的苦果。

不管你身處何種地位，都應該感謝公司為你提供了一個生存的空間、提供了展現自己的舞臺。樹不修剪不成材、璞玉不琢不成器，如果有人批評你，你也要感謝他，沒有人是十全十美的，如果有人幫助你、維護你，你更應該感謝他，因為他包容了你的缺點，欣賞到了你的優點。

職場中雖然也存在著競爭，正是在激烈的競爭中，你才得到了鍛鍊，得到了成長，康熙皇帝不就是在與鰲拜、吳三桂、噶爾丹等人的爭鬥中成為「千古一帝」的嗎？所以，面對職場中的對手，要懷著一顆感恩的心來對待他們。

## 19. 小人物的大學問

即使你已經成為職場裡的菁英，你也沒有任何理由輕視身邊的小人物。很多人總是以為自己別人高貴，所以遇到公司裡的保全、清潔人員、警衛等「小人物」的時候，就用一種不屑的眼神看他們，用傲慢的語言來與他們說話，有時候對方出現一點小差錯，就對他們大吼大叫。殊不知，這些「菁英」從骨子裡透出的優越感往往是讓他們失敗的導火線。

有一則寓言：有位廚藝出色的廚師受到國王的召見，國王要他做幾道拿手好菜，廚師洋洋得意，在廚房裡大顯身手，這時，王宮裡的一隻小狗

聞到了肉味，於是跑到廚師面前搖尾乞憐，廚師想都沒想，就狠狠地踢了小狗一腳，小狗立刻痛地跑開了。

沒過多久，廚師把菜都端到了國王面前，這時，那隻小狗也哀憐地跑到國王面前，國王見小狗一副很可憐的樣子，就夾了一塊廚師做好的菜丟給了小狗，哪知小狗吃了以後，居然慘叫一聲，倒地而死。

國王大吃一驚，以為廚師要謀殺自己，於是派人殺死了廚師，沒想到廚師剛剛被殺死，小狗就從地上站了起來。國王又是一驚，找來幫忙廚師的人一問，才知道廚師曾經踢過小狗一腳。

一隻小狗尚且懂得復仇，如果我們在與人相處的過程中，也犯下像廚師那樣的錯誤，結果豈不是更加可怕？

一個人的職場生涯有幾十年，想做出一番事業，就必須把眼光放長遠，不管與什麼人交談，都不能只看他一時的成敗得失。但是，正像俗語所說的「窮居鬧市無人問，富在深山有遠親」，很多身在職場的人一看到「小人物」，就本能地認為對方沒有前途，因此就怠慢了對方，但是誰能保證這些小人物不會有一鳴驚人的那天呢？誰又能保證小人物就一定不如你這樣的「大人物」呢？如果你的目光過於短淺，總是輕視小人物，那麼你就很可能失去成功的機會，甚至替自己造成重大損失。

約翰是一家國際著名的金融公司的總經理，一天，有個員工來找他：「總經理，經過仔細分析，我認為我們應該趕緊拋售目前公司持有的股票，否則我們就會遭受重大損失。」說完，還給了他一份詳細的分析資料。約翰也是一步一步升到總經理位置上的，他認為這個員工是為了引起自己的注意而故意危言聳聽的，所以他看都沒看，就把那份資料扔進了垃圾堆，然後要員工老老實實地工作。

沒過幾天，股市崩盤了，約翰的公司的總資產一下子縮水了60%，約翰這才想起了那個員工的報告，但為時已晚，他只能引咎辭職。

我們常常會在心裡排列出一張名單，在這張名單上寫著的往往都是自己認為最重要的人的，但是，能夠左右你命運的，卻往往是那些被你忽視了的小人物。

麗莎和蘇珊是兩個剛剛畢業的女大學生，她們進入一家公司，試用期為一個月。這家公司有一位六十多歲的婦人在打掃環境，麗莎打從心底瞧不起她，不是對她指手畫腳，就是挑這挑那，而那個婦人卻一直都是笑瞇瞇的，這更讓麗莎看她不順眼了；而蘇珊卻與麗莎的態度不同，她每次需要讓婦人打掃辦公室時，都會說一個「請」字，有時甚至代勞。

過了一個月，麗莎被辭退了，而蘇珊卻留了下來，後來蘇珊才知道，原來那位婦人竟是老闆的媽媽。

當我們進入職場以後，千萬不要輕易地否定一個人的作用和價值，即使他們看起來是「小人物」，我們也不應該去輕視他們。

## 20. 別逃避所謂的壞事

很多人都聽過「塞翁失馬」這個故事，說的是古代的邊塞住著一位老人，有一天，他的馬丟了，人們聽說以後，都跑來安慰他，誰知老人一點也不傷心，他說道：「也許這是件好事呢！」不久，那匹馬果然帶著一群良馬回到了家裡。

當工作中發生壞事的時候，有些人為了逃避上司的責罰，往往會努力地把壞事說成好事。

其實，壞事就是壞事，與其把壞事說成好事，不如在壞事發生之前就

將其消滅在萌芽狀態。但有些人往往自命不凡，拒絕聽從別人的正確意見，一意孤行，最終釀成了無法挽回的錯誤。

面對錯誤，只要坦然承認，然後從中吸取教訓，確保下一次不再發生類似的情況，是可以得到主管的諒解和支持的。但很多人卻並沒有這樣做，他們害怕承擔責任，想保住自己的私利，於是置整體利益於不顧，硬把壞事說成好事，結果是打腫了臉充胖子。

壞事在某些情況下的確可以變成好事，比如韓信的背水一戰，在兵力、裝備都不如對手的情況下，靠著士兵頑強的勇氣，可以戰勝強大的對手。但是，想讓壞事變成好事，不是用嘴說說就可以做到的。只有深入研究壞事發生的原因，找到壞事變好事的途徑，然後力挽狂瀾，才能真正讓壞事變成好事。

但是，有些人只會耍嘴皮子，他們認為，犯錯就是「交學費」，可以從中吸取教訓，為目前的工作提供改進辦法，這樣一來，壞事就變成了好事。結果呢？學費沒少交，壞事也沒有比原來少。把壞事說成好事，不僅害人害己，而且能危害整個公司，甚至是整個國家。

把壞事說成好事是典型的「阿Q精神」，如果是在生活中，用來安慰一下自己就算了，但在工作上，應該杜絕這種做法才對，因為他很容易讓自己相信自己的謊言，只顧眼前利益，不顧長遠利益，最終對自己和企業帶來極大的危害。

## *21.* 痛擊職場「冷暴力」

很多人曾經遭遇過「職場冷暴力」，有的人因為「得罪」了老闆而被冷落，本來應該由你來做的工作，老闆卻派別人去做，讓你「休息休息」，

平時更是把你當成空氣，既不稱讚你，也不批評你，讓你感到壓抑而沉悶；還有人是因為與主管發生了矛盾，於是故意讓你去做一些不可能完成的任務或是其他人都不願意做的工作，你忙得要死，卻做不出業績來，最後只能辭職；還有人是不能處理好自己與同事之間的關係，大家都排擠你，在背後議論你，當面又對你不理不睬，讓你始終感到芒刺在背。

所謂的「職場冷暴力」，就是用一種非暴力手段來刺激你，讓你在心理上感到壓抑、孤獨、無助。對你「施暴」的人可能是你的主管，也可能是你的同事，由於種種原因，他們對你懷著深深的敵意，如果你不懂得如何應對，那麼最後只能被這些人用「軟刀子」殺死。

一位大學生，到一家公司當業務，幾個月下來，他的業績直線上升，因此多次受到老闆的表揚，但是，同事們漸漸地對他「敬而遠之」了，誰也不願意和他說話。沒過多久，因為在會議上與經理爭執了幾句，經理便認為他變驕傲了，專門讓他負責那些已經沒有多少開發價值的客戶。結果，這個大學生的業績一落千丈，再加上與同事之間的關係很糟糕，他最終被迫提出了辭呈。

這位大學生之所以會得到這樣的待遇，主要是由於自己剛剛進入社會，經驗尚淺，不懂得如何與同事相處，也不懂得如何與主管相處。還有，他身上的光芒太耀眼了，刺痛了別人的眼睛，使別人都得了「紅眼病」。

有的人在遭遇職場冷暴力的時候，採取「以冷制冷」的方式 —— 你不理我，我也不理你；還有的人乾脆是「以暴制冷」，採取一些激烈的手段對抗冷暴力，結果讓自己受到了更大的傷害。

職場冷暴力既然如此可怕，難道就沒有解決問題的辦法嗎？不是的，

首先，你應該培養一種平和的心態，當遭遇職場冷暴力的時候，能夠不急不躁地面對，仔細分析自己「享受」這種待遇的原因，找到了原因，才能有的放矢，積極應對。一般來說，個性開朗、樂觀幽默的人可以有效地應對職場冷暴力。

比如說，你因為工作上表現得過於出色而受到一些老同事的排擠，其實，他們並非對你恨之入骨，只是因為你的風頭蓋過了他們，才會讓他們決定讓你見識一下什麼叫做「薑還是老的辣」，這時，你可以採取「裝傻」策略，不管自己做什麼事情，都要裝出一副不懂的樣子來請教那些老同事，古人說：「獨樂樂，不若與眾樂樂。」意思是說，一個人聽美妙的音樂雖然是件美事，但不如和大家一起聽更加快樂。工作也是這樣，好處都被你一個人占了，其他人自然會眼紅，所以不妨慷慨地拿出一點好處分給大家，如果工作完成得出色，那麼不妨當著大家的面感謝一下他們，滿足他們的虛榮心，這樣，那些老同事就會慢慢接納你。也不會為難你了。

如果對你「施暴」的人是老闆，不管在語言上還是行動上，都不能與之對抗，要仔細地反省一下自己，到底哪些地方做錯了，然後找個適當的時機，開誠布公地談一次，讓他了解你的苦衷。更重要的是，要讓他意識到，如果用冷暴力對待你，只會對公司，對他帶來危害 —— 也就是說，你們之間是存在著共同利益的，俗話說，不看僧面看佛面 —— 就算不看人情，也應該考慮一下自己的利益，明智的老闆是不會再為難你的。

## 22. 中層管理者的職場生存技巧

如果你是職場中的一個中階主管，那麼你是否遭遇過這樣的難處呢：老闆批評你的工作，手下的員工也對你不滿，你成了照鏡子的豬八

戒 —— 裡外不是人，或者是左右為難。總之，不管你多麼努力，都會讓人不滿，也許你會問一句：「為什麼受傷的總是我？」

　　亨利是公司的一名中階主管，最近，她遇到了一件非常棘手的事情。老闆對他手下的一名員工感到不滿，於是要求亨利勸說那名員工辭職。但是，那名員工自認並沒有犯錯，因此堅決不肯辭職，他還認為老闆和亨利侵犯了自己的權利，聲稱一定要告他們，亨利也覺得十分為難，但又不知道如何應付這種局面。

　　有人曾經做過一個生動的比喻：公司是一棵長滿桃子的大樹，整個團隊就像一群猴子，中階主管位於樹的中間，往上看，是對自己指手畫腳、發號施令的猴王；往下看，是一群對自己指指點點、又叫又罵的猴子。確實，夾在老闆和下屬之間，日子確實不好過。

　　當你處在這種微妙而尷尬的境地時，要放鬆自己的心態，不要急於行動，拿故事中的亨利來說，如果跟老闆站在一起對付員工，那麼把員工逼急了，他真的會去起訴老闆和亨利，到了那時，老闆很可能會讓亨利來背這個「黑鍋」；但是，如果亨利為那個員工說話，不肯服從老闆的命令，後果同樣很嚴重。

　　那麼應該如何化解煩惱呢？最好的辦法就是保持中立，這並不是讓你袖手旁觀、誰也不管，而是以一種不偏不倚的態度與雙方同時保持接觸，讓雙方都明白對方的意思，從而找到解決問題的辦法。

　　面對困境時，很多人想的都是逃避，但是，你應該知道，逃避不是解決問題的辦法，只有勇敢面對，才能找到解決問題的辦法。在上面的例子中，老闆對亨利手下的員工有意見，但對亨利卻沒有意見，同樣的，員工之所以說要起訴老闆和亨利，只是因為老闆要辭退自己。亨利可以讓他們

各退一步，找到一個解決問題的最佳辦法。

　　米勒是一家服裝工廠的生產主管，老闆前幾天去國外談生意，臨行前讓米勒負責監督工人加班趕出十萬件衣服，沒想到，十萬件服裝剛剛做完，老闆又打了一個電話給米勒，要他帶著工人再趕出五萬件服裝。這時，工人們已經因為連續加班而變得非常疲憊了，如果再要求他們加班，他們肯定不做，但米勒也知道老闆的脾氣，如果推脫，老闆肯定會臭罵自己一頓的，如何解決這個問題呢？米勒告訴老闆：工人們已經非常疲憊，想讓他們加班，就得多給他們一些獎金，同時把期限再往後推遲幾天，老闆想了想，同意了。接著，米勒又對工人們說了加班獎金增加的事情，而且採取輪休制度，讓一些非常疲憊的員工能夠得到適當的休息，最後，任務終於在規定日期完成了。米勒靠著自己出色的協調能力，避免讓自己兩頭受氣。

　　想在職場中生存，就必須學會如何抵禦來自外界的壓力，而中階管理者由於遊走在中間。受到的壓力會更大，尤其是在兩頭受氣的時候，管理者更應該積極鍛鍊自己的抗壓能力和承受能力，應該及時做出正確的判斷，權衡利弊，如果衝突的雙方都沒有實質性的錯誤，那麼管理者就應該以一個矛盾調解者的身分出現。如果衝突雙方中有一方確實存在原則性的錯誤，這時，管理者就不能再當「和事佬」了，你應該堅定自己的立場，不要為了維護一時的和氣而放棄一些更重要的東西。

## 23. 軟話該說也得說

　　很多人把說軟話看成一種懦弱無能地表現，尤其是那些自尊心很強的人，他們在與別人發生爭執的時候，更願意表現自己的英雄氣概，本來只

要說句軟話就可以化解的矛盾，偏偏變得水火不容，結果替自己帶來了災禍。

說軟話能夠讓對方感覺像喝了蜂蜜一樣甜，事實上，很多人都是吃軟不吃硬的，特別是性格剛烈，很有主見的人，你如果以命令的口吻，對方不但不會理睬，說不定比你更硬，你如果說軟話，對方反倒產生同情，縱使自己為難，也會服從你的要求。說話本來就是為了達成自己的目的，如果將說話演變成一場爭吵，那麼只能替自己帶來無窮無盡的煩惱。

愛麗絲在一家珠寶店工作，每天，她都要把珠寶拿出來擦拭一番，讓它們看起來更加光彩動人。一天，愛麗絲不小心打翻了一個裝著戒指的盒子，裡面裝著的六枚鑽石戒指掉在了地上，愛麗絲趕緊彎腰去撿，但她只找到了五枚，剩下的一枚找不到。

這時，一位高個子男士轉身向門口走去，愛麗絲想了想，戒指掉落的時候只有他在附近，她相信一定是這位男士撿到了這枚戒指，於是，她開口叫住了那位男士：「先生，請您稍等⋯⋯」

「什麼事？難道你懷疑我偷了你的戒指嗎？」這位男士滿臉怒容，他臉色蒼白，看起來相當可怕。

「不是的，先生，我只想說，這是我第一次出來工作，薪水少得可憐，但我必須用它來養活我那多病的母親和正在上學的弟弟，如果我失去了這份工作，恐怕我們三個人都活不下去了。」

那個男人盯著愛麗絲看了一會，長嘆了一口氣，然後伸手握住了愛麗絲的手：「你說得沒錯，不過我相信，你能在這裡做得很好的。」

男人說完就轉身離開了，愛麗絲的手裡多了一枚戒指。

懇求也是一種軟話，很多時候，如果你想勸服別人，就不要總是用強

硬的態度逼迫別人就範，說軟話的效果好多了，可以說是動之以情、曉之以理，一般人都能理解和體諒你的難處，然後答應你的請求。

總之，在該說軟話的時候，就不能考慮自己是不是臉上無光，既然說軟話能夠為自己帶來好處，甚至避免大禍臨頭，那麼為什麼還非得死要面子呢？

## *24.* 該為老闆做決定嗎？

一個人能夠在職場中找對自己的位置，看他在與老闆交談的過程中如何說話就能做出判斷。想成為老闆的得力助手，就必須讓老闆覺得自己是一個值得信賴、不可或缺的人，如果說話沒有分寸，總是「替」老闆做決定，就會讓老闆產生不滿，從而危及自身。

大衛是一個聰明的職員，老闆對他非常賞識，經常把一些重要的工作交給他。一天，老闆對大衛說：「過幾天我要和幾位部門經理到外地出差，你也準備一下，跟我一起去，所有行程都由你來安排。」

得到老闆的器重，大衛非常高興，考慮到路上有好幾個人，大衛擬定了幾種交通方案，但還是坐火車去比較符合經濟效益，但大衛也知道應該向老闆匯報一下，於是就來到老闆的辦公室，對老闆說道：「老闆，您看，這是我們的行程表。」接著，大衛又把幾種交通方案做了匯報，最後，大衛說了一句：「我看我們就坐火車去吧！」

聽到大衛做決定時，老闆的臉色一下子變得很難看：「是這樣嗎？我覺得坐火車太浪費時間了，還是搭飛機去比較好。」大衛一聽，立刻辯解道：「但是，火車比飛機要便宜啊，我是為公司利益考慮的啊！」但老闆根本不管，最終還是決定搭飛機去，而且，老闆在臨行前告訴大衛不用跟著

去了，而是讓另一位同事隨行。

　　大衛錯就錯在不該自作主張，替老闆做決定。老闆是一個公司的決策者，作為助手，你只能建議，再寬容的老闆也不會願意讓下屬「越俎代庖」，替自己發號施令、進行決策的。

　　如果大衛能夠這樣說：「老闆，關於出差的問題，我們有三種選擇 ── 搭飛機、坐火車、坐汽車，綜合考慮坐火車是比較划算的，不過我沒什麼經驗，還是由您來決定吧。」相信老闆聽了大衛的話以後，就不會覺得大衛是在替自己做主，而認為他是一個考慮周全的得力手下。

　　所以說，在與老闆相處的過程中，你千萬不能替老闆做決定，而是應該用自己的話引導老闆說出你的決定。

　　老闆掌握著生殺大權，只有得到老闆的「授權」，你才能去處理各種事務，如果你覺得老闆應該怎麼做、擅自替老闆做主，那麼離危險就不遠了。

　　《三國演義》中，曹操因為有感而發，隨口說了一句「雞肋」，參軍楊修就自以為猜透了曹操的心思，因此擅自對其他將領說曹操要撤兵，結果曹操知道以後，立刻就以擾亂軍心的罪名殺死了楊修。儘管事實證明楊修的決定是正確的，但曹操卻堅持不肯承認自己是錯誤的。一個最主要的原因，就是楊修挑戰了曹操三軍主帥的權威，曹操又怎能容忍這樣的行為呢？所以楊修可以說是自己找死。

　　在與老闆相處的過程中，聰明的下屬都會適當地提出建議，但把是否採納這些建議的權力交給老闆，以示自己對老闆的尊重，同時又展現出了自身的才華，這樣的員工，老闆怎能不喜歡呢？

　　雖然不同的老闆有不同的性格，但作為下屬，在與老闆交流的過程

中，你都應該表現出自己的耐心和寬容，只有這樣才能讓老闆覺得自己真的是個老闆，如果總是急躁粗暴地與老闆說話，就會讓老闆覺得自己好像和你換了位置，這是職場人的大忌。你說話不能以一種「不容置疑的決定」出現，而是讓它變成一種意見和建議。

總之，不管老闆的能力是強是弱，你都不能擅作主張。

## 25. 不冷場，你才是談話高手

人們在與別人進行溝通的時候，難免會遇到「冷場」的情況，如果與你交談的對象是家人或好朋友，那麼也許沒人在意，頂多尷尬一笑，事情也就過去了。但是，如果冷場的情況發生在工作中，與你交談的對象是同事，那就不太好了，這種氣氛會讓彼此變得尷尬，容易留下不好的印象。在某些特殊的場合，甚至影響自己的前途和未來，例如面試的時候。

一位剛剛畢業的大學生到一家公司應徵，因為聽說這家公司的面試非常嚴格，這個大學生特意做了精心的準備，沒想到，在面試的過程中，他還是遇到了一個難題，面試官問了他幾個問題之後，突然沉默不語，只是不停地用眼睛打量著他。大學生以為自己說話出了什麼差錯，結果一下子變得非常慌張，想打破這種沉默的氣氛，但卻總是說不出話。結果，大學生的面試失敗了。

面試時的冷場可能是由於面試者不善言談或準備不充分造成的，也有可能是故意製造的，但歸根到底，還是由於面試者臨機應變的能力不夠造成的。

而工作中與同事談話時出現的冷場，也都跟應變能力有很大關係。

所以，想避免冷場的尷尬，就需要我們在平時著重鍛鍊自己的能力，

同時多開闊一下眼界，這樣，在遭遇冷場的時候，就不至於無話可說。

　　如果在面試時遇到刻意製造的冷場，那麼你可以進行補充、總結，如果實在沒什麼好說的，你也可以用「這些就是我的基本情況，您還有什麼想了解的嗎？」這樣的話來徵詢對方的意見，把「球」踢給對方，這樣，冷場的局面自然而然地就被化解了。

　　如果是與老闆、同事交談的過程中出現冷場，那麼可以適當地轉移話題，從眼前的事物談起，引起對方的談話興趣，千萬不要讓對方覺得你是一個「榆木」，不懂得回應或是心不在焉。

　　薩姆是一個老實木訥的年輕人，平時就很安靜，很難被老闆注意。一天，老闆要他跟自己坐火車到外地出差，兩個人面對面地坐著，說了幾句閒話之後，就開始大眼瞪小眼。薩姆覺得這樣的氣氛實在是太壓抑了，於是決定找個話題，恰好，他看到老闆的腳上穿著一雙高級皮鞋，於是就「饒有興趣」地向老闆請教衣著搭配方面的問題。

　　老闆一聽，正中下懷，因為他平時就對自己的衣著十分在意，薩姆的問題正好搔到了自己的癢處，於是開始滔滔不絕地向薩姆講了起來，期間，老闆還委婉地告訴薩姆應該注意什麼問題，由於兩個人一路聊天，漫長的旅途似乎也過得飛快。回到公司以後，老闆對薩姆說：「嘿，薩姆，歡迎你到我家做客，或許我們還可以談談室內裝潢之類的事情。」

　　薩姆與老闆的關係越來越好，自己的優點也逐漸被老闆發現，不久就升了職。

　　談話過程中出現冷場並不是什麼可怕的問題，只要你平時多累積、多鍛鍊，善於發現話題，掌握一些談話的技巧，就不會被它難住了。

　　當然，有的時候，突然出現冷場的局面是對方表示拒絕，或是一種無

聲的「逐客令」，這時，你就應該察言觀色，懂得進退，千萬不要沒話找話、賴著不走，只要達到了自己的目的，就應該及時告辭，不要再給別人添麻煩。

## 26. 就事論事，別翻舊帳

無論是生活還是工作中，我們都會因為一些小事與他人產生爭執，這時，有些人往往喜歡翻一些舊帳，以證明自己所說的是有道理的，結果，本來雞毛蒜皮的小事變成了無止盡的爭吵，不僅雙方的關係變僵，也為自己帶來了無窮無盡的煩惱。

很多人都有貪小便宜的毛病，有的人在辦公室裡經常借東西，有時甚至趁你不在的時候偷偷地用。就算你向他提意見，他也會振振有詞地說曾經借給你什麼東西，讓你不得不拿以前的事情跟他理論，這時，你不應該再跟他糾纏下去，趕緊結束爭吵，看好自己的東西，不要再讓他「借」去。

其實，爭吵就像一場戰爭，雖然沒有硝煙，但卻有著濃濃的火藥味，唇槍舌劍就已經很嚴重了，如果再把陳年往事翻出來，無疑會讓對方已經癒合的傷口再次淌出鮮血，這樣的話，你和對方的關係就永遠不會改善，更不要說和諧相處了。

有個成語，叫做「既往不咎」，意思是說，無論過去發生什麼事情，都不應該再去追究，西漢名相陳平，年輕的時候品行不端、貪圖錢財，人們都說他和自己的嫂子私通，陳平投靠劉邦的時候，很多人都反對劉邦重用陳平，理由就是陳平「盜嫂昧金」，陳平當著那些人的面對劉邦說：「說我與嫂嫂私通的人，純粹是道聽塗說。說我接受賄賂，我承認是接受了別

人的錢財，但這不是賄賂，而是我生活的保障，沒有這些錢我就活不下去了。現在我來投奔您，是因為您能夠重用人才、成就霸業來的，不是跟這些人來辯論我的品行如何的。」

劉邦聽了陳平的話以後，豁然開朗，於是重用了陳平，陳平幫助劉邦建立了漢朝，成為一代名臣。

陳平所說的那番話無非就是：就事論事 —— 我的才能值不值得受到重用；別翻舊帳 —— 以前的事情都過去了，再討論已經沒有必要了，我也不想跟你們討論。幸好劉邦是個明理的人，否則漢朝的歷史也許就要改寫了。

人非聖賢，孰能無過，有些人由於性格和習慣的原因，容易在某些事情上犯一些「老毛病」。如果你的朋友曾經傷害過你，那麼請你把這些事情忘掉，繼續跟他做好朋友；否則，如果你一直念念不忘別人對你的傷害，並時不時地在朋友面前提起，那麼你們不僅做不成朋友，而且很可能變成敵人。

下面這個故事也許能夠對我們有些啟示：

有兩個很要好的朋友，他們平時雖然喜歡爭吵，但只要其中一個有了困難，另一個就會全力幫助。有一次，兩個人在沙漠裡迷了路，他們互相埋怨，接著又變成了爭吵，後來其中一個忍無可忍，就打了對方一巴掌，挨打的人沒有說話，而是跑到遠處，在沙子上寫了一句話：「某年某月某日，我的朋友打了我一巴掌。」然後，他們一起上路，最終回到了家。

打人的那個人對自己的做法深感後悔，而被打的那個人從來沒有提起過此事，在他看來，那個耳光早就留在了沙漠，隨風飛逝，所以他們一直都保持著很好的關係。

我們在生活和工作中，是不是也應該向那位被打的朋友學習呢？每個人都可能做出一些錯事，不管這些錯誤是否傷害到了你，你都不應該拿來當做攻擊對方的武器，因為這樣對你沒有任何好處。

## 27. 授人玫瑰，手有餘香

在職場中見慣了爾虞我詐的人，往往對同事懷著強烈的戒心，見到他人有困難，不去落井下石就已經非常難得了，誰還能主動幫助自己的同事呢？

其實，這種看法是非常消極的。「贈人玫瑰，手有餘香」，人與人之間需要互相幫助，這是眾人皆知的道理。因為競爭的激烈和殘酷，人們往往只看到了競爭，而忽視了合作──要知道，人們之所以能夠在職場中生存和發展，主要還是因為大家共同合作創造出了龐大的價值，與之相比，競爭只能造成傷害、浪費，對你我是沒有什麼好處的。

如果能夠在職場中幫助別人，那麼在自己有了困難的時候，也就能得到他人的幫助，就算沒有實際的幫助，自己也不會遭受更大的傷害。

桑普斯是一家廣告公司的經理，每天上班的時候，他都會在門口跟保全瑞斯打招呼，保全瑞斯也總是以微笑回應桑普斯，事實上，桑普斯對公司裡的每個員工都非常客氣，因為他覺得這樣做能夠讓他的心情非常愉快，工作也充滿了熱情。

不過，最近桑普斯的心情不怎麼好，因為他一個月之前接受老闆的命令，要想出一個廣告方案。但是，今天就是最後一天了，如果明天交不出方案，恐怕自己的位置也保不住了。早晨，桑普斯來到公司門口，發現瑞斯跟他一樣，也是愁眉苦臉的，桑普斯走過去對瑞斯問道：「什麼事情讓

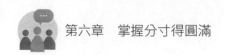

微笑的瑞斯變得這麼糟糕了？」瑞斯張了張嘴，顯然想說什麼，但很快又搖了搖頭，努力地擠出了一個微笑給桑普斯。

　　整整一上午，瑞斯的苦笑一直徘徊在桑普斯的腦海，他的工作也沒有任何進展。午休的時候，桑普斯特意拉著瑞斯去吃午餐，問他到底有什麼事情。原來，今天是瑞斯六歲女兒的生日，瑞斯答應要買一雙溜冰鞋給女兒，但是收入微薄的瑞斯根本買不起，所以才會愁眉不展。

　　下午，桑普斯打電話訂購了一雙溜冰鞋，然後跟著一臉錯愕的瑞斯來到了瑞斯的家，反正明天就會被老闆臭罵甚至是開除，不如今天晚上跟瑞斯好好喝幾杯。當然，禮物是爸爸送給女兒的，桑普斯只是一個來「參加」生日宴會的客人而已。不過瑞斯的女兒卻對這位客人非常感興趣，拉著他去看自己的繪畫作品。桑普斯眼前一亮，因為他發現自己從小女孩的作品中找到了靈感，他匆匆告別，回到公司加班，用了一個晚上的時間，做好了一份非常出色的廣告方案。

　　卡內基曾經說過：「如果你要別人喜歡你，或是培養真正的友情，就要對別人表現出誠摯的關切，這既能幫助別人也能幫助自己。」

　　《水滸傳》中的宋江在上梁山之前，總是遭受危險，但只要一提「及時雨」這個外號，江湖上的英雄好漢就會主動幫助他，這是因為宋江能夠在別人危難的時候伸出援手。

　　你希望別人怎麼對待你，那麼你首先就應該怎樣對待別人，這是一個放之四海而皆準的真理，拿來用在工作中也不為過。如果你能夠主動幫助上司、同事、新人甚至是客戶，也許不是最聰明的舉動，也未必能得到相應的回報，但至少能夠讓周圍的人感受到你的善良、熱心。「金杯、銀杯，不如人們的口碑；金獎、銀獎，不如人們的誇獎」，也許好的口碑不

會為你帶來什麼利益，也不能保證你一定不會受到傷害，但一定能夠讓你在受到傷害後不至於一敗塗地，能夠讓你有一個東山再起的機會。

# 溝通心理戰，操縱職場話語霸權：

## 一本書教你說話的黃金法則，征服每一場對話，成為人際關係的贏家！

作　　者：孔謐

發 行 人：黃振庭

出 版 者：財經錢線文化事業有限公司

發 行 者：財經錢線文化事業有限公司

E-mail：sonbookservice@gmail.com

粉 絲 頁：https://www.facebook.com/
　　　　　sonbookss/

網　　址：https://sonbook.net/

地　　址：台北市中正區重慶南路一段六十一號八
　　　　　樓 815 室

Rm. 815, 8F., No.61, Sec. 1, Chongqing S. Rd.,
Zhongzheng Dist., Taipei City 100, Taiwan

電　　話：(02)2370-3310

傳　　真：(02)2388-1990

印　　刷：京峯數位服務有限公司

律師顧問：廣華律師事務所 張珮琦律師

─版權聲明───────────

本書版權為出版策劃人：孔寧所有授權崧博出版
事業有限公司獨家發行電子書及繁體書繁體字
版。若有其他相關權利及授權需求請與本公司聯
繫。

未經書面許可，不可複製、發行。

定　　價：350 元

發行日期：2024 年 03 月第一版

◎本書以 POD 印製

Design Assets from Freepik.com

**國家圖書館出版品預行編目資料**

溝通心理戰，操縱職場話語霸權：
一本書教你說話的黃金法則，征服
每一場對話，成為人際關係的贏
家！/ 孔謐 著 . -- 第一版 . -- 臺北
市：財經錢線文化事業有限公司，
2024.03
面；　公分
POD 版
ISBN 978-957-680-769-5( 平裝 )
1.CST: 人際關係 2.CST: 溝通技巧
3.CST: 說話藝術
177.3　　113001539

電子書購買

臉書

爽讀 APP